Impressum
Verlag: BABADADA GmbH, Nedderfeld 112 , 22529 Hamburg
Geschäftsführer / Verlagsleitung: Harald Hof
Druck: Books on Demand GmbH, In de Tarpen 42, 22848 Norderstedt

Imprint
Publisher: BABADADA GmbH, Nedderfeld 112 , 22529 Hamburg, Germany
Managing Director / Publishing direction: Harald Hof
Print: Books on Demand GmbH, In de Tarpen 42, 22848 Norderstedt, Germany

ቤት-ትምህርቲ

Szkoła

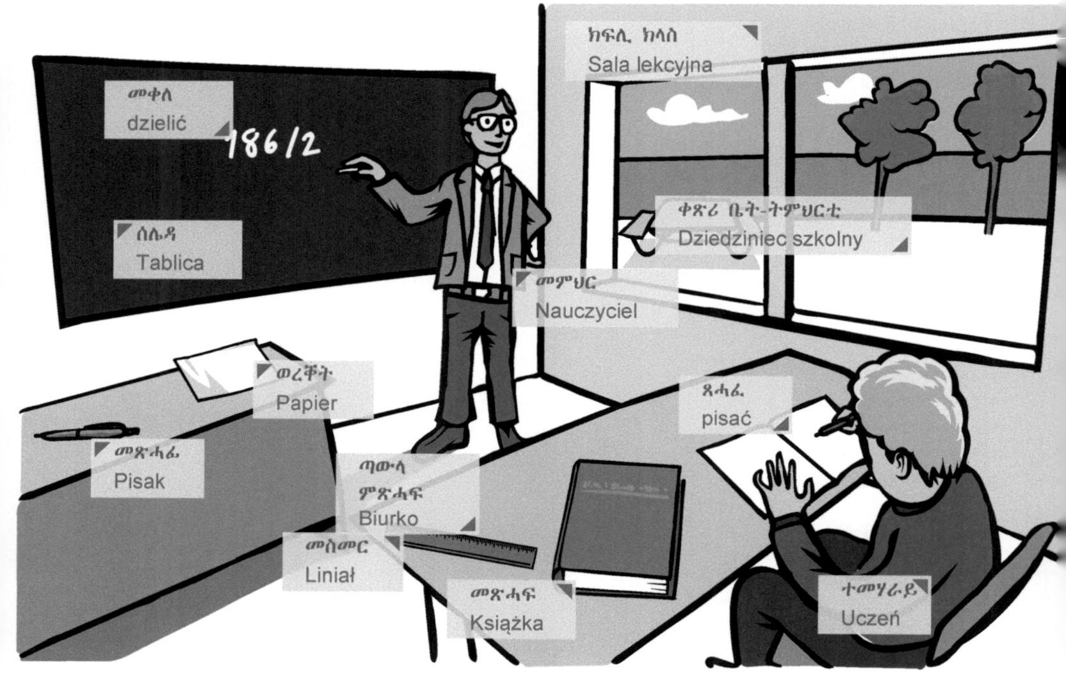
ክፍሊ ክላስ
Sala lekcyjna
መቀለ
dzielić
186/2
ሰሌዳ
Tablica
ቀጽሪ ቤት-ትምህርቲ
Dziedziniec szkolny
መምህር
Nauczyciel
ወረቐት
Papier
ጸሓፈ
pisać
መጽሓፊ
Pisak
ጣውላ ምጽሓፍ
Biurko
መስመር
Liniał
መጽሓፍ
Książka
ተመሃራይ
Uczeń

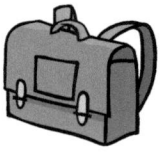

ሳንጣ ትምህርቲ

Plecak szkolny

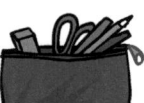

ስፈር ብርዒ

Piórnik

ርሳስ

Ołówek

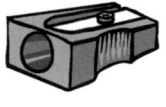

መብልሒ ርሳስ

Temperówka

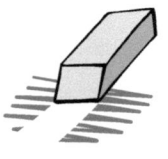

መደምሰሲ

Gumka do mazania

ጥራዝ ስእሊ

Blok rysunkowy

ስእሊ.

Rysunek

ብሩሺ ቀለም

Pędzel

ቦክስ ቀለም

Pudełko z akwarelami

መቐስ

Nożyce

መጣበቒ

Klej

ጥራዝ መላመዲ

Książka do ćwiczenia

ዕዮ ገዛ

Zadanie domowe

ቁጽሪ

Liczba

ወሰኸ

dodawać

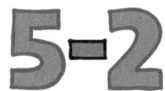

ጎደለ

odejmować

ረብሐ

mnożyć

ደመረ

liczyć

ፊደል

Litera

ስርዓት ፊደላት

Alfabet

ቃል

Słowo

ጽሑፍ

Tekst

አንበበ

czytać

ኩርሽ

Kreda

ሰዓት

Godzina

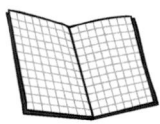

መዝገብ ክላስ

Dziennik lekcyjny

መርመራ

Egzamin

ሰርቲፊኬት

Świadectwo

ድቢዛ ቤትትምህርቲ

Mundurek szkolny

ትምህርቲ

Wykształcenie

ለክሲኮን

Leksykon

ዩኒቨርሲቲ

Uniwersytet

ሚክሮስኮፕ

Mikroskop

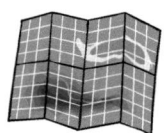

ካርታ

Mapa

ጎሓፍ ወረቓት

Kosz na odpadki

መገሻ

Podróż

መቐበሊ ኣጋይሽ
Hotel
Grand
ሆስተል
Schronisko
ROOMS
ቦታ ቕያር ገንዘብ
Kantor wymiany walut
EXCHANGE
ባሊጃ
Walizka
መኪና
Auto

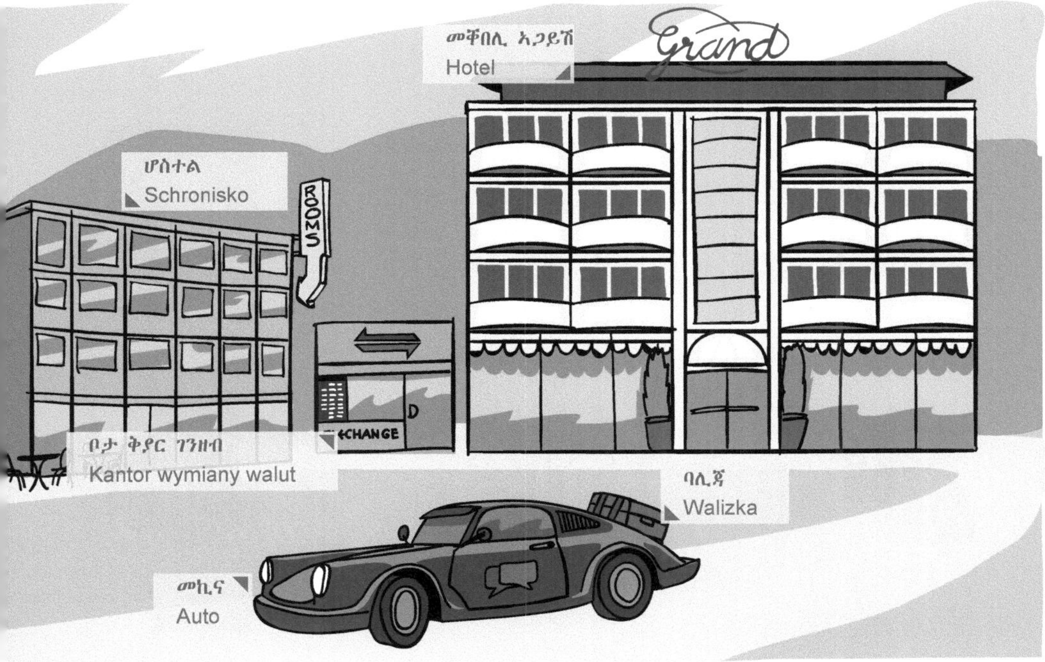

ቋንቋ

Język

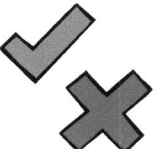

እወ / ኖ

tak / nie

ሕራይ

OK

ሰላም

Halo

ኣስተርጓሚ

Tłumacz

የቐንየለይ

Dziękuję

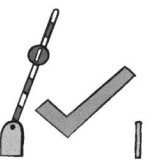

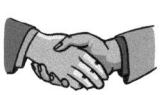

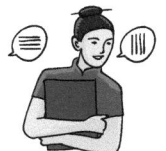

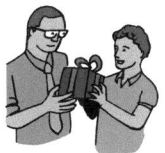

. . . ክንደይ ዋግኡ?

Ile kosztuje ...?

አይተረድኣኹን

Nie rozumiem

ሽግር

Problem

ሰላም ምሽት!

Dobry wieczór!

ከመይ ሓዲርካ

Dzień dobry!

ሰላም ለይቲ

Dobranoc!

ደሓን ኩን

Do widzenia

አንፈት

Kierunek

ጉዓዝ

Bagaż

ሳንጣ

Torba

ሳንጣ ሕቖ

Plecak

ጋሻ

Gość

ክፍሊ

Pokój

ክሽ መደቐሲ

Śpiwór

ቴንዳ

Namiot

ሓበሬታ በጻሕቲ ሃገር

Informacja turystyczna

ገምገም ባሕሪ

Plaża

ክረዲት ካርድ

Karta kredytowa

ቁርሲ

Śniadanie

ምሳሕ

Obiad

ድራር

Kolacja

ቲከት

Bilet

ሊፍት

Winda

ማሕተም ደብዳበ

Znaczek na list

ዶብ

Granica

ድንጋ

Cło

ኣምባሲ

Ambasada

ቪዛ

Wiza

ፓስፖርት

Paszport

መጓዓዝያ
Transport

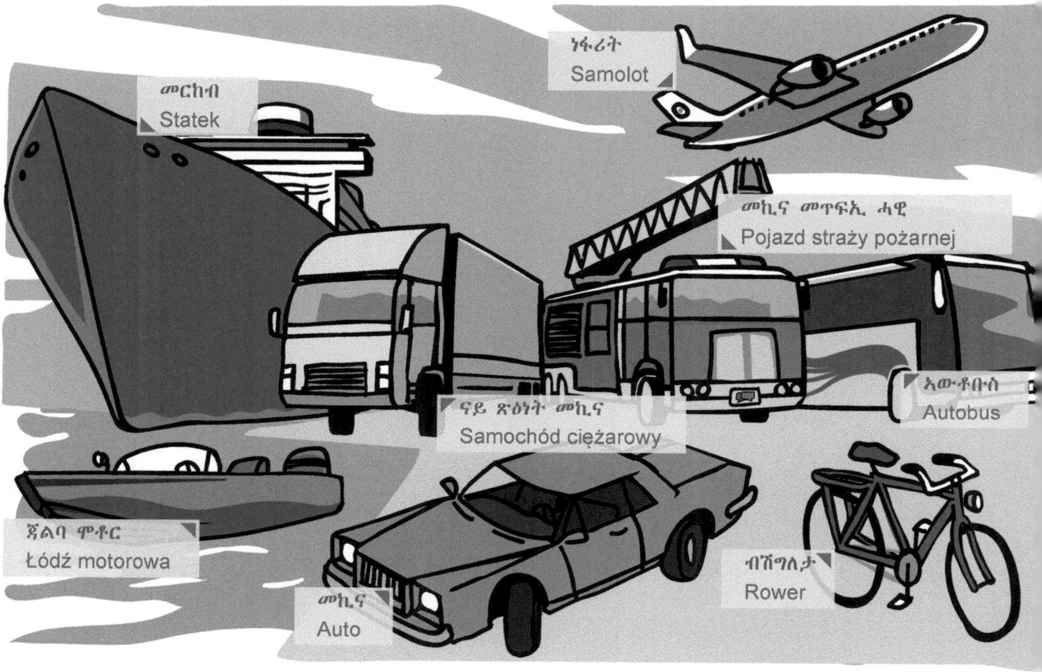

ነፋሪት
Samolot
መርከብ
Statek
መኪና መጥፍኢ ሓዊ
Pojazd straży pożarnej
ናይ ጽዕነት መኪና
Samochód ciężarowy
ኣውቶቡስ
Autobus
ጃልባ ሞቶር
Łódź motorowa
ብሽግለታ
Rower
መኪና
Auto

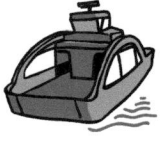

ፈሪ

Prom

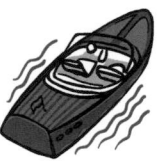

ጃልባ

Łódź

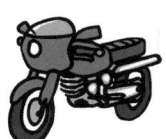

ሞቶ

Motocykl

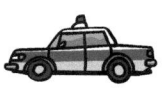

መኪና ፖሊስ

Radiowóz policyjny

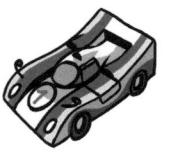

መኪና ቅድድም

Samochód wyścigowy

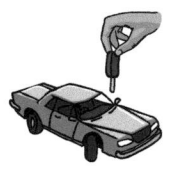

ክራይ መኪና

Samochód wypożyczony

ምውፋይ መካይን

Wspólne przejazdy samochodem

መወሰዲ መኪና

Samochód pomocy drogowej

መኪና ጎሓፍ

Śmieciarka

ሞቶር

Silnik

ነዳዲ

Benzyna

እንዳ ነዳዲ

Stacja benzynowa

ምልክት ትራፊክ

Znak drogowy

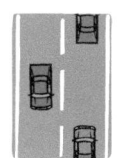

ትራፊክ

Ruch

ምዕቅጫቅ ትራፊክ

Korek

መዐሸጊ መኪና

Parking

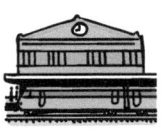

መዕረፊ ባቡር

Dworzec

ሓዲግ

Szyny

ባቡር

Pociąg

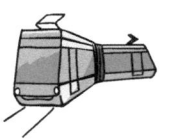

ትረም

Tramwaj

ባጎኒ

Wagon

ሄሊኮፕተር

Helikopter

መዓረፍ ነፈርቲ

Lotnisko

ታወር

Wieża

ተጓዓዚ

Pasażer

ኮንተይነር

Kontener

ሳንዱቅ ካርቶን

Karton

ኮርሳ ጽዕነት

Taczka

ዘንቢል

Kosz

ተበገሰ / ዓለበ

startować / lądować

ከተማ

Miasto

ቀሺት

Wieś

ማእከል ከተማ

Centrum miasta

ገዛ

Dom

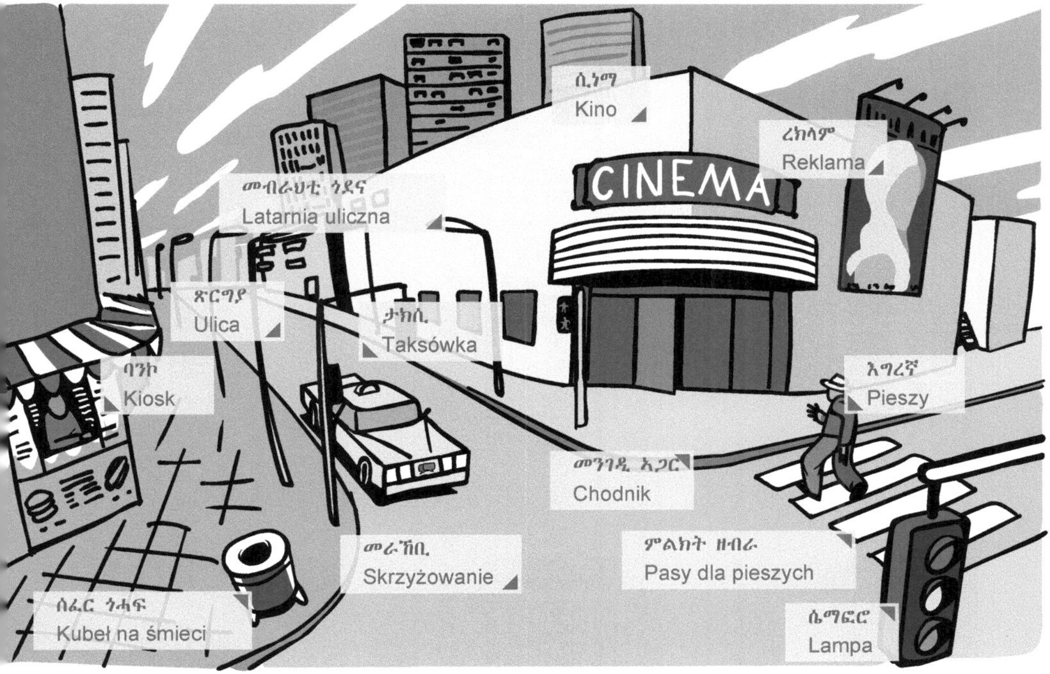

ሲነማ
Kino

ረክላም
Reklama

መብራህቲ ጎደና
Latarnia uliczna

ጽርግያ
Ulica

ታክሲ
Taksówka

ባንኮ
Kiosk

እግረኛ
Pieszy

መንገዲ እጋር
Chodnik

መራኸቢ
Skrzyżowanie

ምልክት ዘብራ
Pasy dla pieszych

ሰፈር ጎሓፍ
Kubeł na śmieci

ሴማፎር
Lampa

CINEMA

አጉዶ

Chata

አፓርትመንት

Mieszkanie

መዕረፊ ባቡር

Dworzec

ቤት ምምሕዳር

Ratusz

ቤተ መዘክር

Muzeum

ቤት-ትምህርቲ

Szkoła

ዩኒቨርሲቲ
Uniwersytet

ባንክ
Bank

ሆስፒታል
Szpital

መቐበሊ ኣጋይሽ
Hotel

ቤት መድሃኒት
Apteka

ቤት ጽሕፈት
Biuro

ዱኳን መጽሓፍቲ
Księgarnia

ዱኳን
Sklep

ዱኳን ዕንባባ
Kwiaciarnia

ሱፐርማርክት
Supermarket

ዕዳጋ
Rynek

ሹቅ
Dom towarowy

ነጋዳይ ዓሳ
Sklep z rybami

ሹቅ
Centrum handlowe

መርሳ
Port

መዝናግዒ
Park

ባንኪ
Ławka

ድልድል
Most

መደያይቦ
Schody

ባቡር ትሕቲ ምድሪ
Metro

ቢንቶ
Tunel

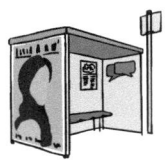

መዕረፊ ኣውቶቡስ
Przystanek autobusowy

ቤት መስተ
Bar

ቤት-መግቢ
Restauracja

ሰታሪት
Skrzynka na listy

ታቤላ
Tabliczka z nazwą ulicy

ሰዓት ፓርኪንግ
Parkometr

መካነ እንስሳታት
Zoo

መሓምበሲ
Łaźnia

መስጊድ
Meczet

ቤት ሕርሻ
Gospodarstwo chłopskie

ብከላ
Zanieczyszczenie środowiska

መቓብር
Cmentarz

ቤተክርስትያን
Kościół

ቦታ ምጽዋት
Plac zabaw

ቤት መቅደስ
Świątynia

ስእሊ መሬት

Krajobraz

አቝጽልቲ
Liść

መሕበሪ መገዲ
Drogowskaz

መገዲ
Droga

ሸኻ
Łąka

እምኒ
Kamień

ኮብላሊ
Wędrowiec

ኣግራብ
Drzewo

ፈለግ
Rzeka

ሳዕሪ
Trawa

ዕንባባ
Kwiat

ስንጭሮ

Dolina

ጎበ

Góra

ቀላይ

Jezioro

ዱር

Las

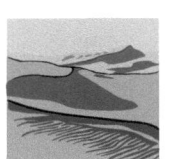

ምድረ በዳ

Pustynia

እሳተ-ጎመራ

Wulkan

ግምቢ

Zamek

ቀስተ-ደመና

Tęcza

ቃንጥሻ

Grzyb

ዓርኮብኮባይ

Palma

ጣንጡ

Komar

ሃመማ

Mucha

ጻጻ

Mrówka

ንህቢ

Pszczoła

ሳሬት

Pająk

ሕንዚዝ
Chrząszcz

ዕንቅርፓብ
Żaba

ምጽጹላይ
Wiewiórka

ቅንፍዝ
Jeż

ማንቲለ
Zając

ጉንጓ
Sowa

ጭሩ
Ptak

ስዋን
Łabędź

መፍለስ
Dzik

ዓጋዘን
Jeleń

ሙስ
Łoś

ግድብ
Tama

ተርባይን ንፋስ
Wiatrak

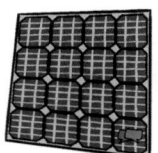

ሶላር ስርሓት
Moduł solarny

ኩነታት አየር
Klimat

ስእሊ መሬት - Krajobraz

አሰላፊ
Kelner

ካርታ መግብታት
Menu

መንበር
Krzesło

መረቅ
Zupa

ፒትሳ
Pizza

መመታተሪ
Sztućce

ክዳን ጣውላ
Obrus

ቅድም ቀንዲ መግቢ
Przystawka

ቀንዲ መኣዲ
Danie główne

ድሕረ መግቢ
Deser

መስተ
Napoje

መግቢ
Jedzenie

ጥርሙዝ
Butelka

ስሉጥ መግቢ.

Fastfood

መግቢ. ጽርግያ

Streetfood

ብርጭቆ ሻሂ

Dzbanek na herbatę

ታኒካ ሽኮር

Cukierniczka

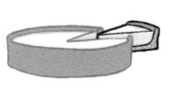

ክፋል

Porcja

ማሺን ኤስፕረሶ

Zaparzarka do espresso

ነዊሕ መንበር

Krzesło dla dziecka

ጻብጻብ

Rachunek

ታብለት

Taca

ካራ

Noż

ፉርከታ

Widelec

ማንካ

Łyżka

ማንካ ሻሂ

Łyżeczka

ሰርቪየተ

Serwetka

ብኬሪ

Szklanka

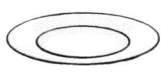

ሸሓኒ

Talerz

ሸሓኒ መረቕ

Talerz do zupy

ትሕቲ ኩባያ

Podstawek pod filiżankę

ጸብሒ

Sos

ወሃቢ ጨው

Solniczka

መጥሓን በርበረ

Młynek do pieprzu

አቾቶ

Ocet

ዘይቲ

Olej

ቀመም

Przyprawy

ከቿፕ

Keczup

አድሪ

Musztarda

ማዮኔዝ

Majonez

ሱፐርማርከት
Supermarket

ወፈ.ያ
Oferta
FOR
ዓሚል
Klient
ፍርያታት ጸባ
Produkty mleczne
ፍረታት
Owoce
ሰረገላ ዱኳን
Wózek sklepowy

BUTCHERS

እንዳ ስጋ

Rzeźnia

BAKERY

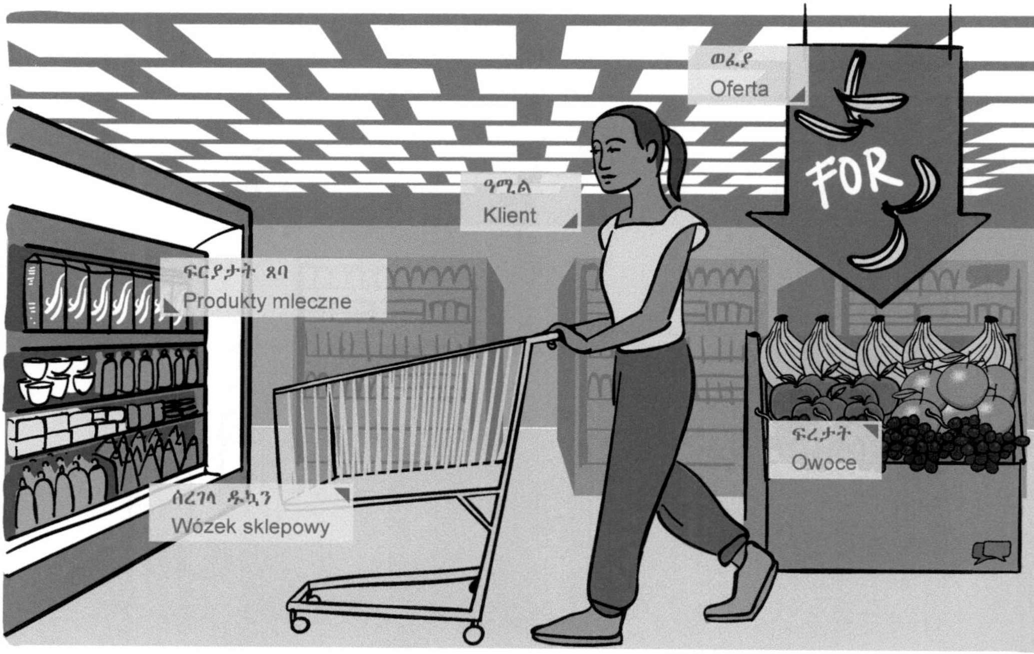

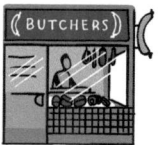

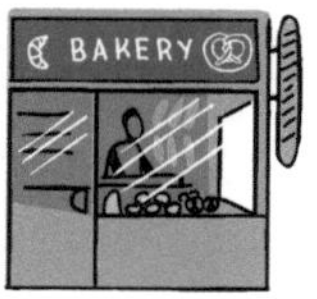

እንዳ ባኒ

Piekarnia

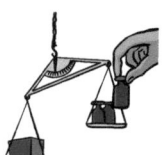

ክብደት

ważyć

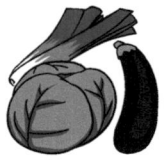

ኣሕምልቲ

Warzywa

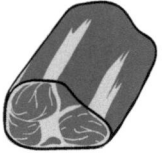

ስጋ

Mięso

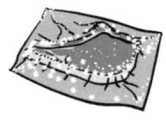

መግቢ ፍሪጅ በረድ

Mrożonki

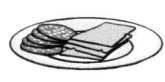

ዝሑል ቅሩብ መግቢ.

Wędliny

እስታጵላ

Konserwy

አሞ

Proszek m do prania

ምቁር መግቢ.

Słodycze

ዘቤታውያን ኣቝሑ

Artykuły użytku domowego

ናውቲ መጽረዪ.

Środek czyszczący

ሽቃጣይ

Sprzedawczyni

ካሳ

Kasa

ተሓዝ ገንዘብ

Kasjer

ዝርዝር ምግዛእ

Lista zakupów

ክፉት ሰዓታት

Godziny otwarcia

ማሕፉዳ

Portfel

ክረዲት ካርድ

Karta kredytowa

ሳንጣ

Torba

ፌስታል

Torebka plastikowa

Napoje

ማይ

Woda

ጅማቆ

Sok

ጸባ

Mleko

ኮላ

Cola

ነቢት

Wino

ቢራ

Piwo

አልኮል

Alkohol

ካካው

Kakao

ሻሂ

Herbata

ቡን

Kawa

ኤስፕረሶ

Espresso

ካቡቺኖ

Cappuccino

ባናና

Banan

ቱፋሕ

Jabłko

አራንሺ

Pomarańcza

ብርጭቆ

Arbuz

ለሚን

Cytryna

ካሮት

Marchew

ጻዕዳ ሽጉርቲ

Czosnek

ባምቡስ

Bambus

ሽጉርቲ

Cebula

ቅንጥሻ

Grzyb

ፉል

Orzechy

ፓስታ

Makaron

ስፓጌቲ

Spaghetti

ሩዝ

Ryż

ሰላጣ

Sałatka

ቅልዋ ድንሽ

Frytki

ቅሉው ድንሽ

Ziemniaki pieczone

ፒትሳ

Pizza

ሃምቡርገር

Hamburger

ፓኒኖ

Kanapka

ቢስተካ

Sznycel

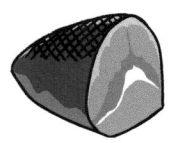

ሰለፍ ሓሰማ

Szynka

ሳላሚ

Salami

ግዕዝም

Kiełbasa

ደርሆ

Kura

ቀለወ

Pieczeń

ዓሳ

Ryba

ገዓት

Płatki owsiane

ሙስሊ

Musli

ኮርንፍለይክስ

Płatki kukurydziane

ሓርጭ

Mąka

ክሮሶን

Croissant

ባኒ

Bułka

ባኒ

Chleb

ቶስት

Toast

ብሽኮቲ

Ciastka

ጠስሚ

Masło

ርግኦ

Twarożek

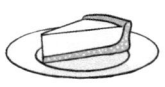

ፓስተ

Ciasto

እንቋቑሖ

Jajko

ቅሉው እንቋቑሖ

Jajko sadzone

ፋርማጆ

Ser

አይስ ክሪም
....
Lody

ሽኮር
....
Cukier

መዓር
....
Miód

ጅም
....
Marmolada

ኑጋት-ክረም
....
Krem nugatowy

ኩሪ
....
Curry

Gospodarstwo chłopskie

ቤት ሕርሻ
Dom rolnika

መኽዘን
Stodoła

ሓሰር ቦንዳ
Baloty słomy

ግራት
Pole

ፈረስ
Koń

ተስሓቢ
Przyczepa

ዒሉ
Źrebię

ትራክተር
Traktor

እድጊ
Osioł

ዕየት
Jagnię

በጊዕ
Owca

ጤል	ብዕራይ	ምራኽ
Koza	Krowa	Cielę

ሓሰማ	ውላድ ሓሰማ	ኣርሓ
Świnia	Prosię	Byk

ዓሳ
Gęś

ማይ ደርሆ
Kaczka

ጫቍት
Kurczątko

ደርሆ
Kura

ኣርሓ ደርሆ
Kogut

ኣንጨዋ ዓባይ
Szczur

ድሙ
Kot

ኣንጨዋ
Mysz

ብዕራይ
Osioł

ከልቢ
Pies

ኣጕዶ ከልቢ
Buda dla psa

ቴባ ጆርዲን
Wąż ogrodowy

መዝፈፊ ማይ
Konewka

ዓቢ ማዕጺድ
Kosa

ማሕረሻ
Pług

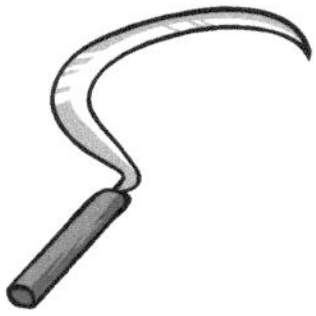

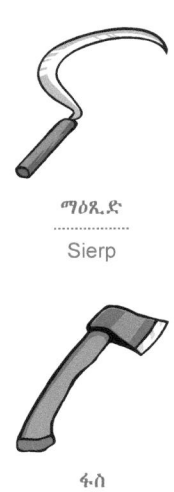

ማዕጺድ

....

Sierp

ጭኺሮ

....

Graca

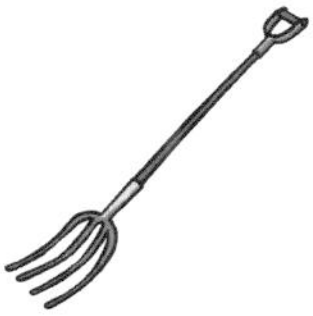

መስአ

....

Widły

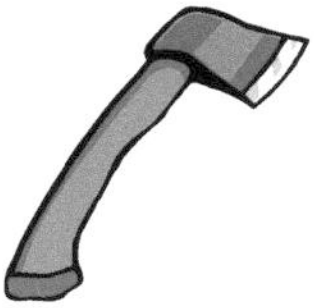

ፋስ

....

Siekiera

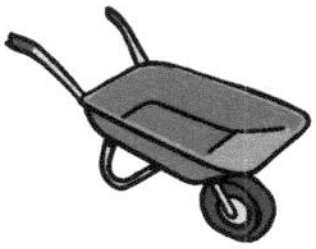

ዓረብያ ኢድ

....

Taczka

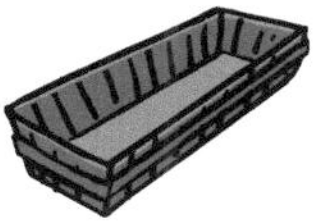

ጋብላ

....

Koryto

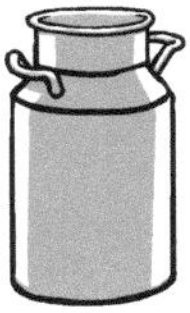

ብርጭቆ ጻባ

....

Kanka na mleko

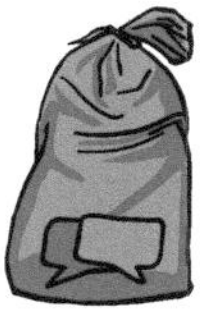

ክሻ

....

Worek

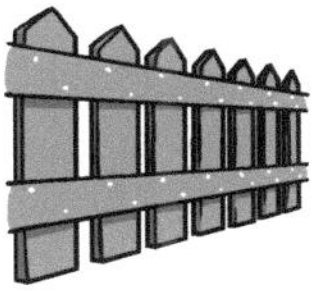

ሓጹር

....

Płot

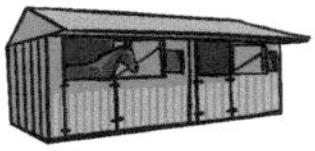

መጓሰስ

....

Stajnia

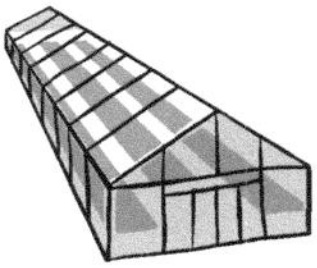

ቐጠልያ ገዛ

....

Szklarnia

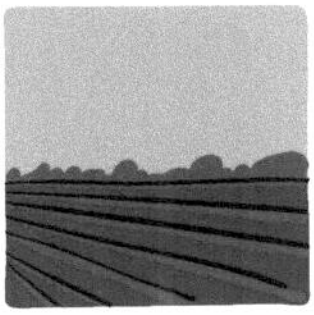

ባይታ

....

Ziemia

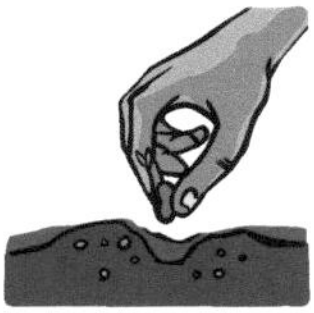

ዘርኢ

....

Nasiona

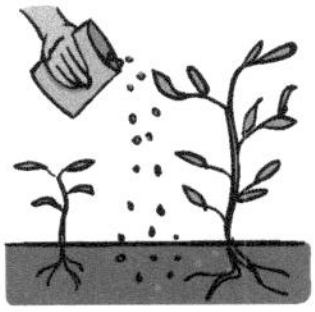

ድኹዒ

....

Nawóz

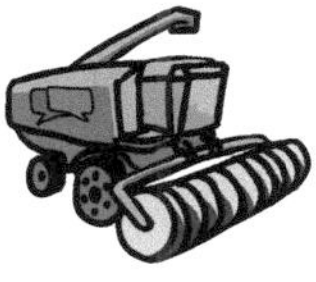

ዘጣምር ቀውዓይ

....

Kombajn zbożowy

ቀውዕ

zbierać

ጻማ

Żniwa

ድንሽ ያም

Podchrzyn

ስርናይ

Pszenica

ሶያ

Soja

ድንሽ

Ziemniak

ዕፉን

Kukurydza

ራፕስ

Rzepak

ገረብ ፍረታት

Drzewo owocowe

ማኒኦክ

Maniok

ኦእኻል

Zboże

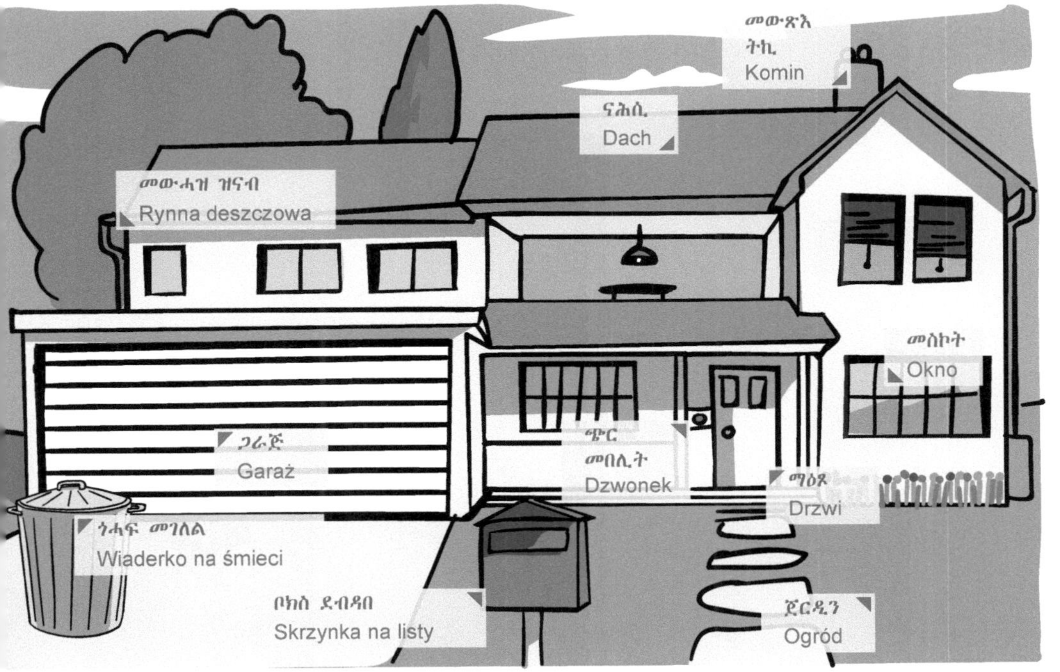

መውጽእ
ትኪ
Komin

ናሕሲ
Dach

መውሓዝ ዝናብ
Rynna deszczowa

መስኮት
Okno

ጋራጅ
Garaż

ጭር
መበሊት
Dzwonek

ማዕጾ
Drzwi

ጎሓፍ መገለል
Wiaderko na śmieci

ቦክስ ደብዳበ
Skrzynka na listy

ጀርዲን
Ogród

ክፍሊ ምኽማጥ

Pokój dzienny

ክፍሊ ባንዮ

Łazienka

ክሽን

Kuchnia

ክፍሊ መደቀሲ

Sypialnia

ክፍሊ ቆልዑ

Pokój dziecięcy

መመገቢ ክፍሊ

Jadalnia

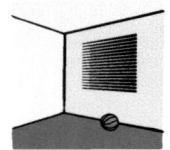

ባይታ
Ziemia

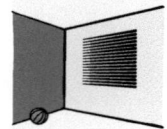

መንደቅ
Ściana

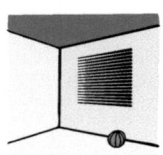

ከበርታ
Koc

ካንቲና
Piwnica

ሳውና
Sauna

ባልኮን
Balkon

ዛላ
Taras

መሕምበሲ
Basen

መቑረጺ ሳዕሪ
Kosiarka do trawy

አንሶላ ዓራት
Poszwa

ከበርታ ዓራት
Kołdra

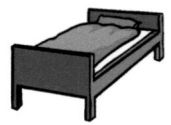

ዓራት
Łóżko

መኾስተር
Miotła

መገለል
Wiadro

መወልዒት
Włącznik

ወረቐት መንደቕ
Tapeta

ስእሊ
Obraz

ላምፓ
Lampa

ከብሒ
Regał

ከብሒ
Szafa

መውጽኢ ትኪ አብ ገዛ
Komin

ተለቪዥን
Telewizor

ዕንባባ
Kwiat

መተርአስ
Poduszka

ሳሎን
Kanapa

ባዮ
Wazon

ሪሞት
Pilot

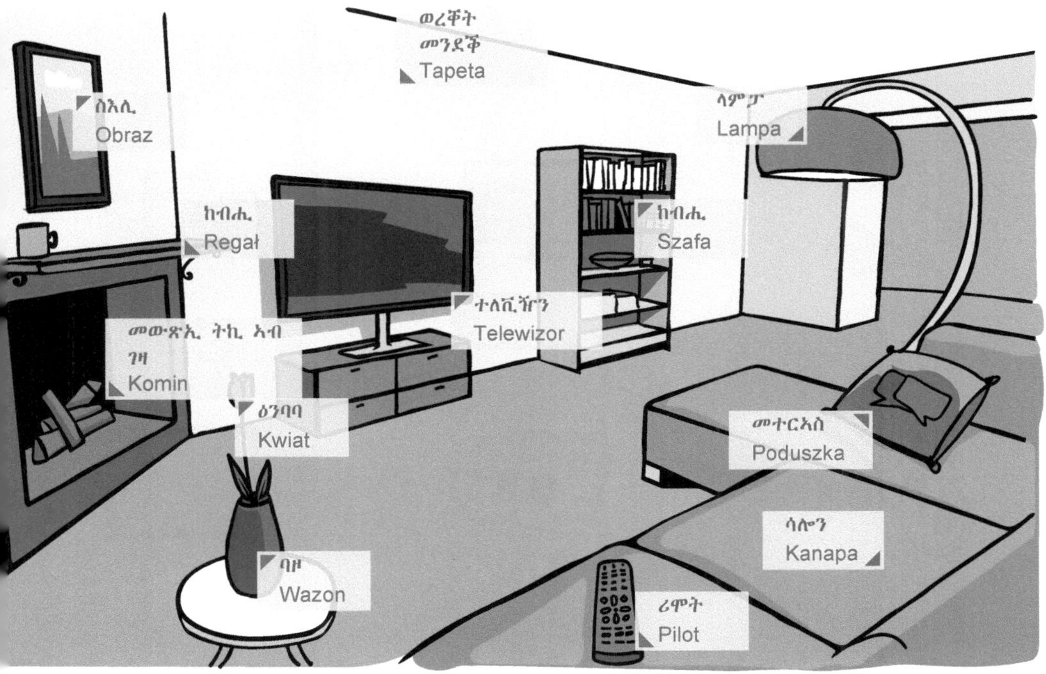

መንጸፍ

Dywan

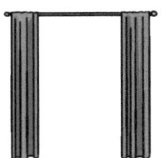

መጋረጃ

Zasłona

ጣውላ

Stół

መንበር

Krzesło

ሰለል ዝብል መንበር

Bujak

መንበር ምቹእ

Fotel

መጽሓፍ

Książka

ከቦርታ

Sufit

ስልማት

Dekoracja

እንጨይቲ ሓዊ

Drewno kominkowe

ፊልም

Film

ስተረዮ

Instalacja stereo

መፍትሕ

Klucz

ጋዜጣ

Gazeta

ቅብኦ

Malunek

ፖስተር

Plakat

ሬድዮ

Radio

ጥራዝ

Notatnik

መልገሲ. ደሮና

Odkurzacz

በለስ

Kaktus

ሽምዓ

Świeczka

ክሽነ

Kuchnia

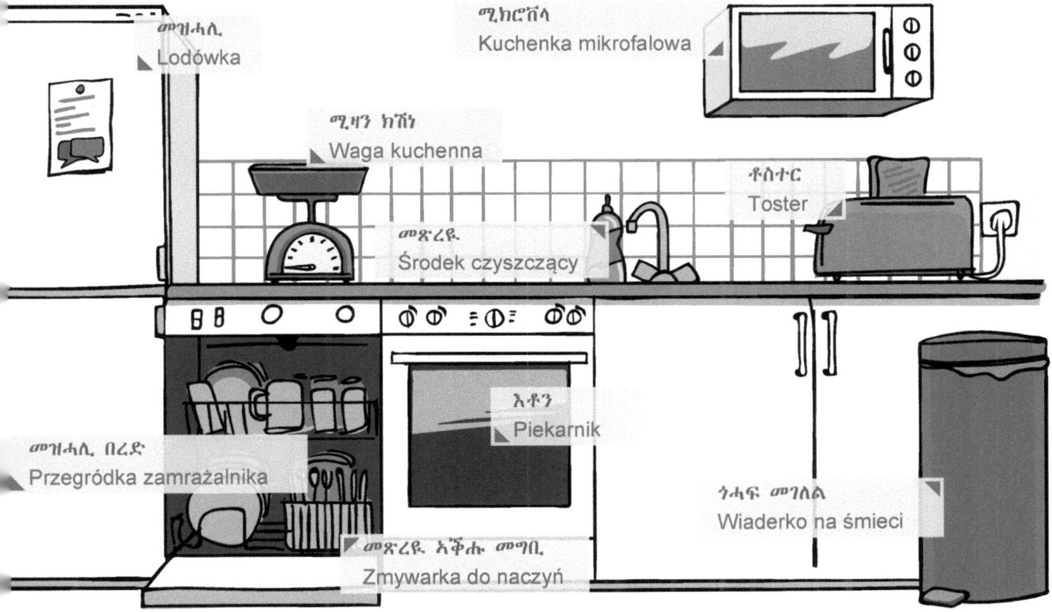

መዝሓሊ
Lodówka
ሚክሮቨላ
Kuchenka mikrofalowa
ሚዛን ክሽነ
Waga kuchenna
ቶስተር
Toster
መጽረዪ
Środek czyszczący
እቶን
Piekarnik
መዝሓሊ በረድ
Przegródka zamrażalnika
ጎሓፍ መገለል
Wiaderko na śmieci
መጽረዪ ኣቕሑ መግቢ
Zmywarka do naczyń

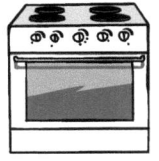

መኽሸኒ

Kuchenka

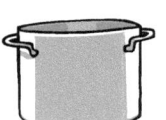

ድስቲ

Garnek

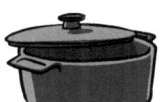

ድስቲ ሓጺን

Kocioł żeliwny

ቮክ/ካዳይ

Wok / Kadai

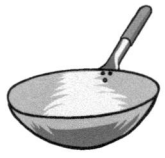

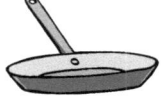

ባደላ

Patelnia

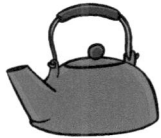

መውዓዪ ማይ

Czajnik

መፍልሒ

Parowar

ጓንቴራ ምስንካት

Blacha do pieczenia

ኣቝሑ መግቢ

Naczynia kuchenne

ብርጭቆ

Kubek

ጭሓሎ

Miska

ማንካቺና

Pałeczki

ማንካ መረቕ

Nabierka

መገልበጢ ባደላ

Łopatka do smażenia

መኹስተር ውርጪ

Trzepaczka do śmietany

መንፈት መግቢ

Cedzak

መንፈት

Sitko

መፋሕፍሒ

Tarka

ሞርታር

Moździerz

ባርቢክዮ

Grillowanie

ስፍራ ሓዊ

Palenisko

እንጨይቲ ምምታር

Deska

እንጨይቲ ኩረር

Wałek do ciasta

መኽፈት ቡሽ

Korkociąg

ታኒካ

Puszka

መኽፈቲ ታኒካ

Otwieracz do puszek

ጨርቂ ድስቲ

Ściereczka do trzymania garnka

ቡምባ

Umywalka

ኣስባስላ

Szczotka

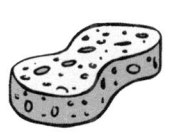

ሰፍነግ

Gąbka

ሓዋሲ ኣደባላጀ

Mikser

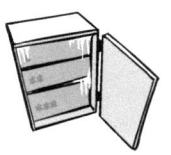

መዝሓሊ በረድ

Zamrażarka

ጥርሙዝ ማማይ

Butelka dla niemowlęcia

ቡምባ ማይ

Kran

ክፍሊ ባንዮ

Łazienka

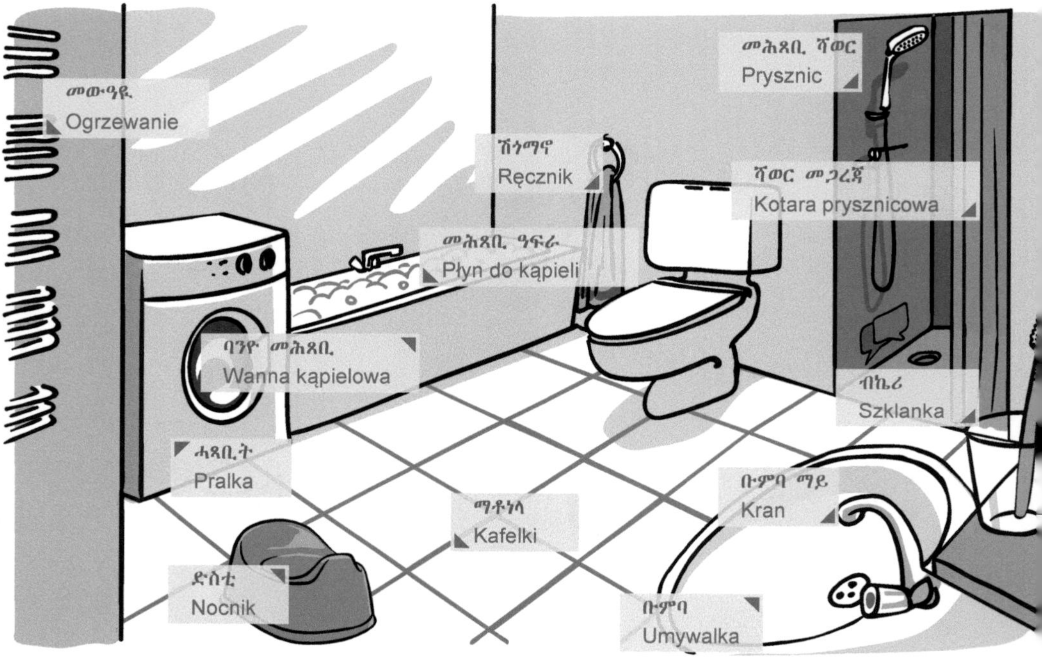
መውዓዪ
Ogrzewanie
ሽጎማኖ
Ręcznik
መሕጸቢ ሻወር
Prysznic
ሻወር መጋረጃ
Kotara prysznicowa
መሕጸቢ ዓፍራ
Płyn do kąpieli
ባንዮ መሕጸቢ
Wanna kąpielowa
ብኬሪ
Szklanka
ሓጻቢት
Pralka
ቡምባ ማይ
Kran
ማቶነላ
Kafelki
ድስቲ
Nocnik
ቡምባ
Umywalka

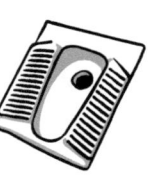

ሽቓቕ

Toaleta

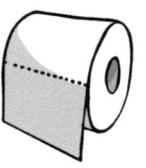

ሽቓቕ ኮፍ

Toaleta kuczna

በዱ

Bidet

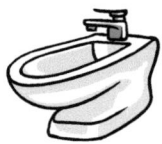

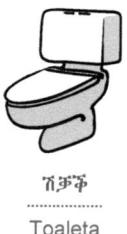

ሽቃቕ ተባዕታይ

Pisuar

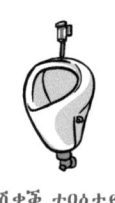

ወረቐት ሽቓቕ

Papier toaletowy

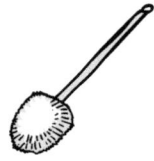

ኣስባስላ ሽቓቕ

Szczotka toaletowa

አስባስላ ስኒ

Szczoteczka do zębów

ክሪማ ስኒ

Pasta do zębów

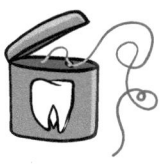

ሃሪ ስኒ

Nitki do czyszczenia zębów

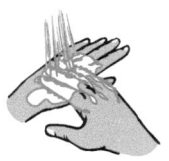

ሓጸበ

myć

ዱሽ ኢ.ድ

Głowica prysznicowa

ዱሽ

Płyn kąpielowy do higieny intymnej

ብርጭቆ ምሕጸብ

Miska do mycia

አስባስላ ሕጻ

Szczotka kąpielowa

ሳምና

Mydło

ሻወር ጀል

Żel prysznicowy

ሻምፑ

Szampon

ጨርቂ መሕጸቢ.

Rękawica kąpielowa

መውሓዚ.

Odpływ

ክሪማ

Krem

ደዮ ጨና

Dezodorant

መስትያት

Lustro

ናይ ኢድ መስትያት

Lustro kosmetyczne

መላጸ

Golarka

ዓፍራ ምልጻይ

Pianka do golenia

ጨና ድሕሪ ምልጻይ

Woda po goleniu

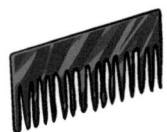

መመሸጥ

Grzebień

አስባስላ

Szczotka

መንቐጺ ጸጉሪ

Suszarka do włosów

ስፕረይ ጸጉሪ

Spray do włosów

መመላኽዒ

Makijaż

ብርዒ ቀለም ከንፈር

Pomadka

አዝግልቶ

Lakier do paznokci

ጸምሪ ጡጥ

Wata

መስደዲ ጽፍሪ

Nożyczki do paznokci

ጨና

Perfum

ሳንጣ መሕጸቢ
Kosmetyczka

ድኳ
Taboret

ሚዛን
Waga

ክዳን መሕጸቢ
Szlafrok kąpielowy

ጓንቲ መጸረዪ
Rękawice gumowe

ታምፖን
Tampon

ጨርቂ ሰበይቲ
Podpaska damska

ሽቓቕ ከሚስትሪ
Toaleta chemiczna

ክፍሊ ቆልዑ

Pokój dziecięcy

ኣላርም መተስኢ
Budzik
መጻወቲ እንስሳ
Pluszowa przytulanka
መጻወቲ መኪና
Samochodzik
ኳሕኳሕ መበሊ
Grzechotka
ቤት ባምቡላ
Domek dla lalek
ህያብ
Prezent

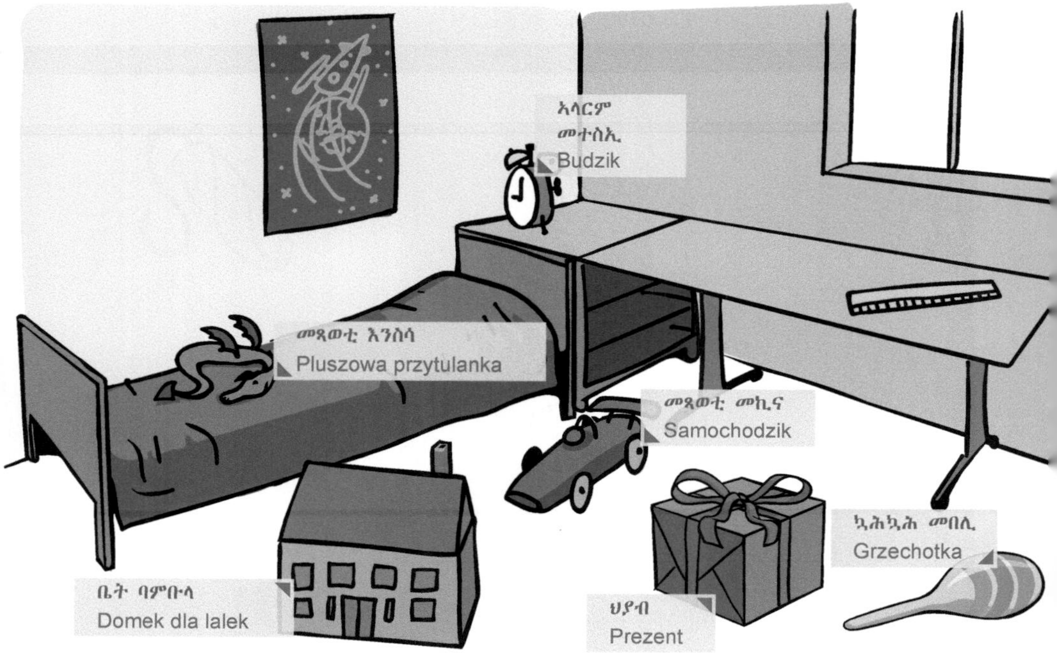

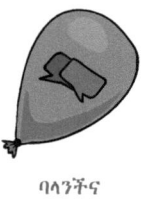

ባላንችና

Balon

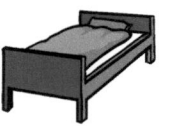

ዓራት

Łóżko

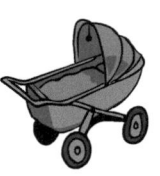

ሰረገላ ህጻን

Wózek dziecięcy

ጸወታ ካርታ

Gra w karty

ሕንቅሊተይ

Puzzle

ኮሚዲ

Komiks

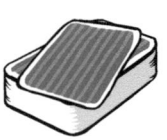

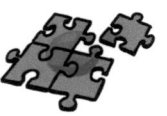

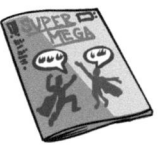

እምንታት መጻወቲ ለጎ
....
Klocki lego

መጻወቲ እምንታት
....
Klocki

በዓል አክቺን
....
Action figura

ክዳን ማማይ
....
Śpioszek dziecięcy

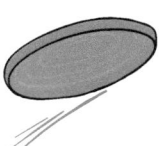

ፍሪስቢ
....
Frisbee

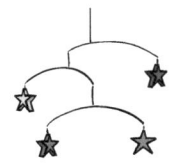

ሞባይል ማማይ
....
Zabawki ruchome

ጸወታ ሰሌዳ
....
Gra planszowa

ኩቦ
....
Kości

ሞደል ባቡር ምድሪ
....
Kolejka elektryczna

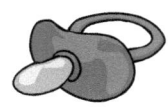

ዓባስ
....
Smoczek

ፓርቲ
....
Przyjęcie

መጽሓፍ ስእሊ
....
Książka z ilustracjami

ኩዕሶ
....
Piłka

ባምቡላ
....
Lalka

ተጻወተ
....
bawić się

መጻወቲ ሓጺ
....
Piaskownica

ሰላል
....
Huśtawka

መጻወቲታት
....
Zabawki

ኮንሶል ቪድዮ
....
Konsola do gier

መጻወቲ ሰለስተ መንኮርኮር
....
Rowerek trójkołowy

ተዲ
....
Pluszowy miś

ከብሒ ክዳን
....
Szafa ubraniowa

ክዳን

Ubiór

ካልስታት
....
Skarpety

ነዊሕ ካልስታት
....
Pończochy

ስረ ካልሲ
....
Rajstopy

ሻርባ
Szal

ጽላል
Parasol

ማልያ
T-Shirt

ቁልፊ
Pasek

ረፋዕ
Kozaki

ጫማ ገዛ
Pantofle domowe

ስኒከርስ
Obuwie sportowe

ሻበጥ
....
Sandały

ጫማ
....
Buty

ረፋዕ ጎማ
....
Kalosze

ሙታንታ
....
Majtki

ክዳን ጡብ
....
Biustonosz

ትሕተ ካሚቻ
....
Podkoszulek

ቦዲ

Body

ስረ

Spodnie

ጂንስ

Dżins

ቀሚሽ

Spódnica

ካምቻ

Bluzka

ካሚቻ

Koszula

ጉልፍ

Pulower

ጎልፍ

Bluza sportowa

ጃኬት

Marynarka

ጃከት

Kurtka

ጇባ

Płaszcz

ክዳን ዝናብ

Płaszcz przeciwdeszczowy

ኮስቱም

Kostium

ቀሚሽ

Sukienka

ቀሚሽ መርዓ

Suknia ślubna

ልብሲ
Garnitur męski

ካሚቻ ለይቲ
Koszula nocna

ክዳን ለይቲ
Piżama

ሳሪ
Sari

መሃረብ ርእሲ
Chusta na głowę

ቱርባን
Turban

ቡርካ
Burka

ካፍታን
Kaftan

አባያ
Abaya

ክዳን መሕምበሲ
Strój kąpielowy

ስረ መሕምበሲ
Kąpielówki

ሓጺር ስረ
Krótkie spodnie

ክዳን ታዕሊም
Dres sportowy

በጃ ክዳን
Fartuch

ጓንቲ
Rękawiczki

መልጎም

Guzik

መነጽር

Okulary

በንናጅር

Bransoletka

ማዕተብ

Łańcuszek

ቀለበት

Pierścionek

ኩትሻ

Kolczyk

ቆብዕ

Czapka

መንበሪ ጁባ

Wieszak

ባርኔጣ

Kapelusz

ካርራቫት

Krawat

ሻርኔጣ

Zamek błyskawiczny

ሀልመት

Kask

መድልደል ስረ

Szelki

ድቢዛ ቤትትምህርቲ

Mundurek szkolny

ድቢዛ

Mundur

ሰደርያ ቆልዓ

Śliniaczek

ዓባስ

Smoczek

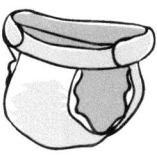

ጨርቂ ማማይ

Pieluszka

ቤት ጽሕፈት
Biuro

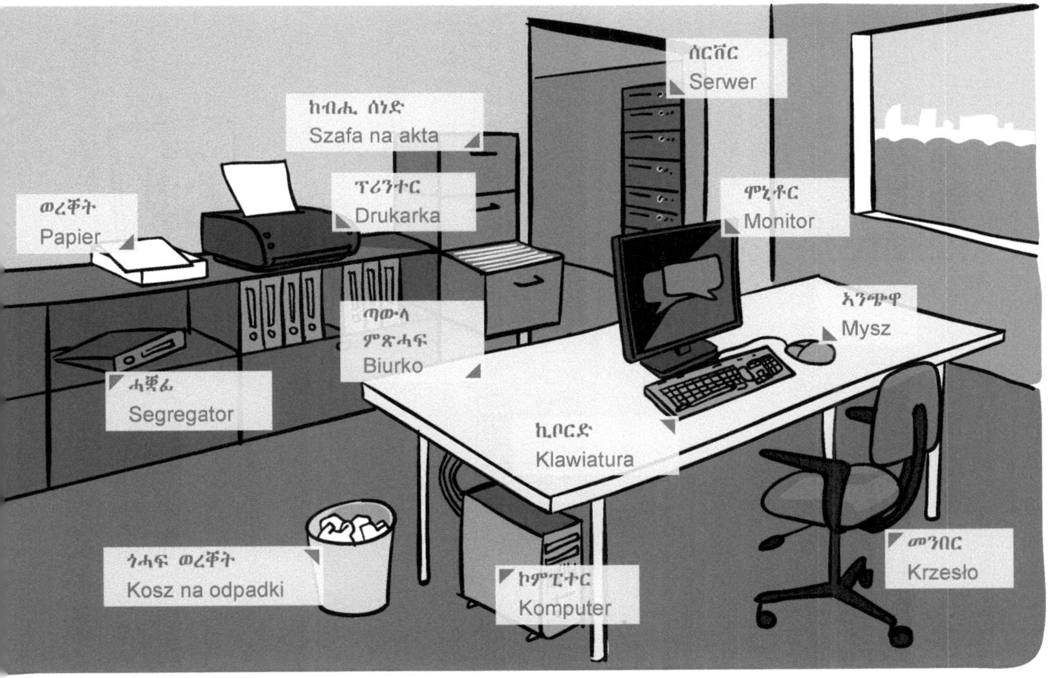

ሰርቨር
Serwer

ከብሒ ሰነድ
Szafa na akta

ፕሪንተር
Drukarka

ሞኒተር
Monitor

ወረቐት
Papier

ጣውላ
ምጽሓፍ
Biurko

አንጓዋ
Mysz

ሓዛፊ
Segregator

ኪቦርድ
Klawiatura

መንበር
Krzesło

ጎሓፍ ወረቐት
Kosz na odpadki

ኮምፒተር
Komputer

ብርጭቆ ቡን

Filiżanka do kawy

ካልኩለተር

Kalkulator

ኢንተርኔት

Internet

ለፕቶፕ

Laptop

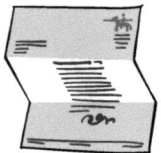

ደብዳበ

List

መልእኽቲ

Wiadomość

ሞባይል

Komórka

ነትወርክ/መርበብ

Sieć

መቅድሒ ፎቶኮፒ

Kopiarka

ሶፍትዌር

Oprogramowanie

ተለፎን

Telefon

ሶከት ኳረንቲ

Gniazdko

ፋክስ

Faks

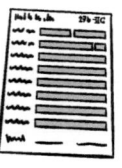

ፎርም

Formularz

ሰነድ

Dokument

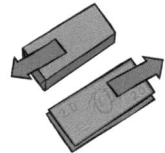

ገዝአ

kupić

ከፈለ

płacić

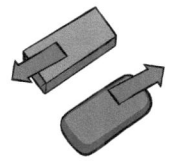

ንግዲ

postępować

ገንዘብ

Pieniądze

ዶላር

Dolar

አይሮ

Euro

የን

Jen

ሩብል

Rubel

ስዊዝ ፍራንከን

Frank

ረንሚንቢ ዮዋን

Juan Renminbi

ሩፐየ

Rupia

መውጽኢ ማሺን ገንዘብ

Bankomat

በታ ቅያር ገንዘብ

Kantor wymiany walut

ወርቂ

Złoto

ብሩር

Srebro

ዘይቲ

Olej

ሓይሊ

Energia

ዋጋ

Cena

ውዕል

Umowa

ቀረጽ

Podatek

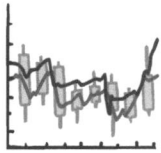

እኩብ ጥረ-ነገራት

Akcja

ሰርሐ

pracować

ሰራሕተኛ

Pracownik umysłowy

ኣስራሒ

Pracodawca

ትካል

Fabryka

ዱኳን

Sklep

ሞያታት

Zawody

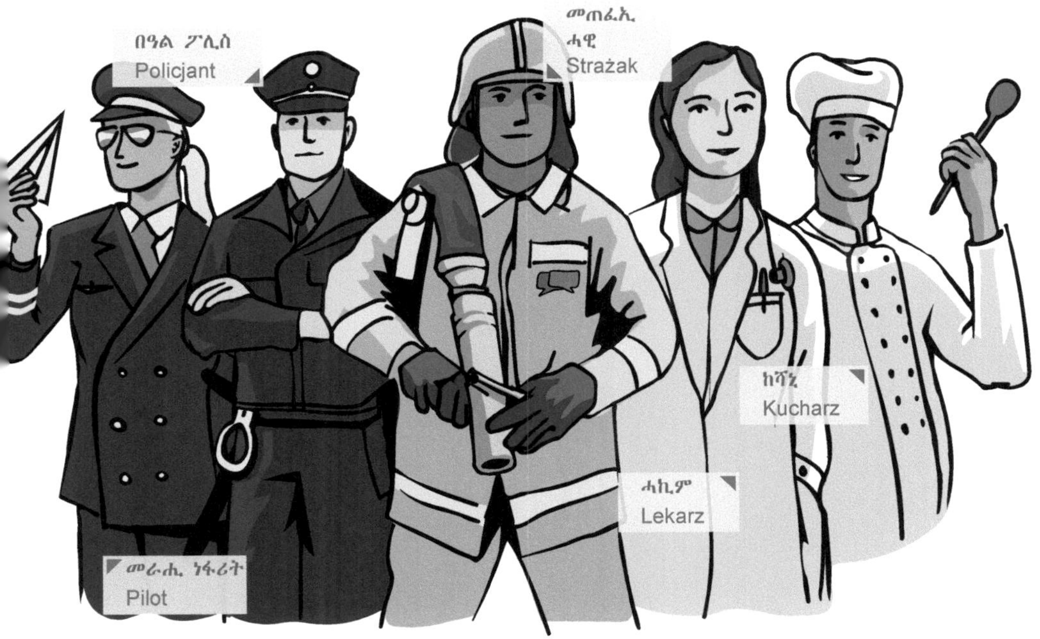
በዓል ፖሊስ
Policjant
መጠፈኢ ሓዊ
Strażak
ከሻኒ
Kucharz
ሓኪም
Lekarz
መራሒ ነፋሪት
Pilot

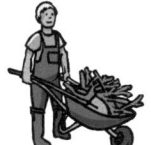

ሰራሕተኛ ጀርዲን

Ogrodnik

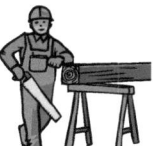

ጸራቢ ዕንጸይቲ

Stolarz

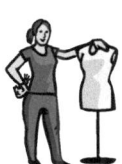

ሰፋይት

Krawcowa

ፈራዳይ

Sędzia

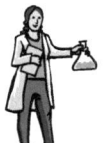

ቀማሚ

Chemik

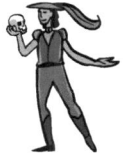

ተዋሳኢ

Aktor

መራሒ አዉቶቡስ

Kierowca autobusu

አውቲስታ ታክሲ

Taksówkarz

ገፋሊ ዓሳ

Fischer

ጸራጊት

Sprzątaczka

ሃናጻይ ናሕሲ

Dekarz

አሰላፊ

Kelner

ሃዳናይ

Myśliwy

ሰኣላይ

Malarz

እንዳ ሕብስቲ

Piekarz

ኤሌትሪከኛ

Elektryk

ሃናጺ አባይቲ

Robotnik budowlany

ሃንዳሲ

Inżynier

ሰራሕተኛ እንዳ ስጋ

Rzeźnik

ድራብሊኮ

Instalator

አማላላሲ ፓስጣ

Listonosz

ሞያታት - Zawody

ወተሃደር

Żołnierz

መሃንድስ

Architekt

ተሓዝ ገንዘብ

Kasjer

ስራሕተኛ ዕምባባ

Florysta

ቀምቃማይ

Fryzjer

ፈተሪኖ

Konduktor

መካኒክ

Mechanik

መራሒ መርከብ

Kapitan

ሓኪም ስኒ

Dentysta

ተመራማሪ

Naukowiec

ራቢ

Rabin

ኢማም

Imam

ፈላሲ

Mnich

ቀሺ

Proboszcz

ናውቲ

Narzędzia

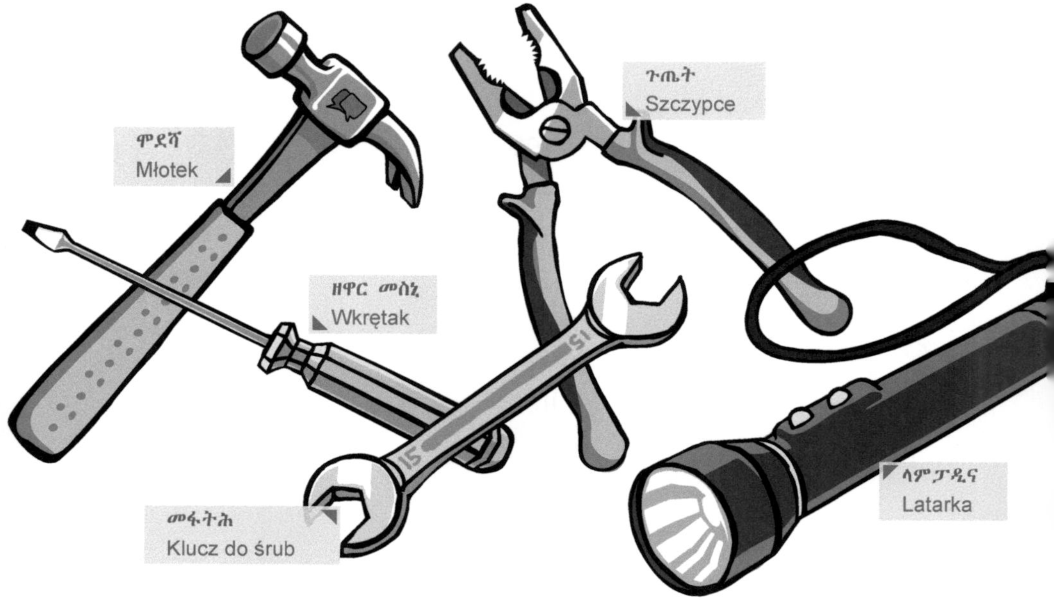
ሞዶሻ
Młotek
ጉጠት
Szczypce
ዘዋር መስኒ
Wkrętak
ላምፓዲና
Latarka
መፍትሕ
Klucz do śrub

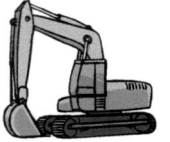

ፈሓሪ

Koparka

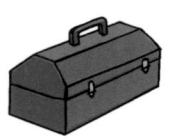

ናውቲ ቦክስ

Skrzynka narzędziowa

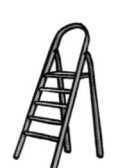

መደያይቦ

Drabina

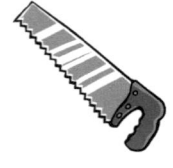

መጋዝ

Piła

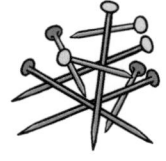

መስማር

Gwoździe

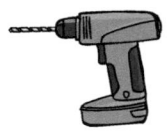

ኩዓቲ

Wiertło

ምዕራይ
naprawić

ባደላ
Łopatka

አይ!
Cholera!

መትሓዚ ዶሮና
Szufelka

ድስቲ ቀለም
Puszka z farbą

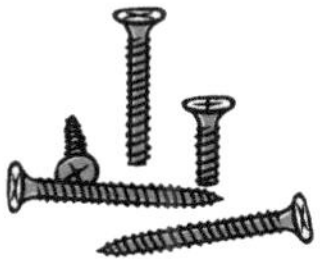

ካቻቢተ
Śruby

መሳርሒ ሙዚቃ

Instrumenty muzyczne

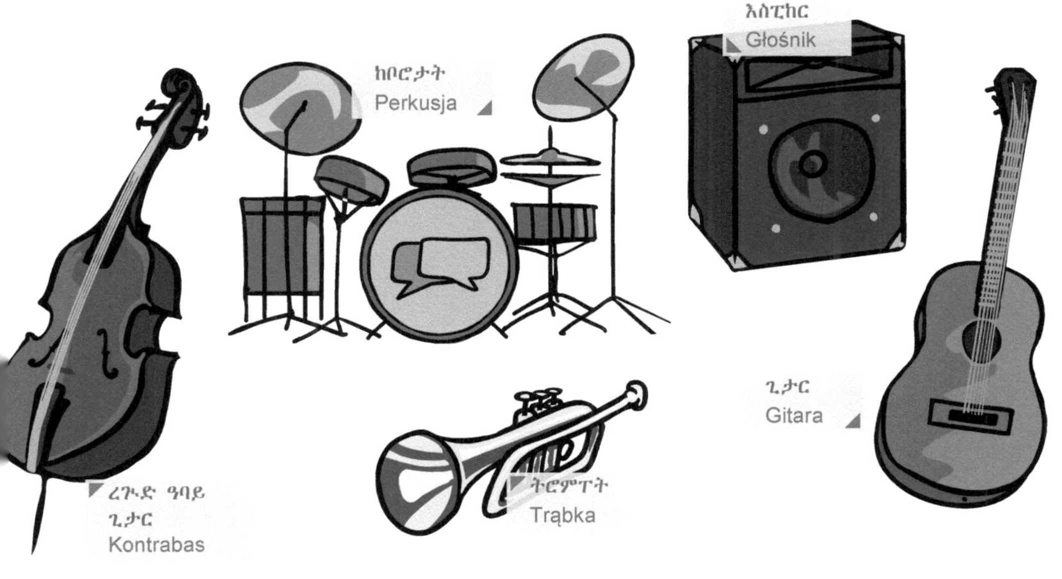

ከበሮታት
Perkusja

እስፒከር
Głośnik

ጊታር
Gitara

ረጒድ ዓባይ
ጊታር
Kontrabas

ትሮምፔት
Trąbka

ፒያኖ

Pianino

ቫዮሊን

Skrzypce

ባስ ጊታር

Bas

ቲምፓኒ

Kotły

ከበሮ

Bęben

አርጋን

Keyboard

ሳክሶፎን

Saksofon

ሻምብቆ

Flet

ሚክሮፎን

Mikrofon

መካነ እንስሳታት

Zoo

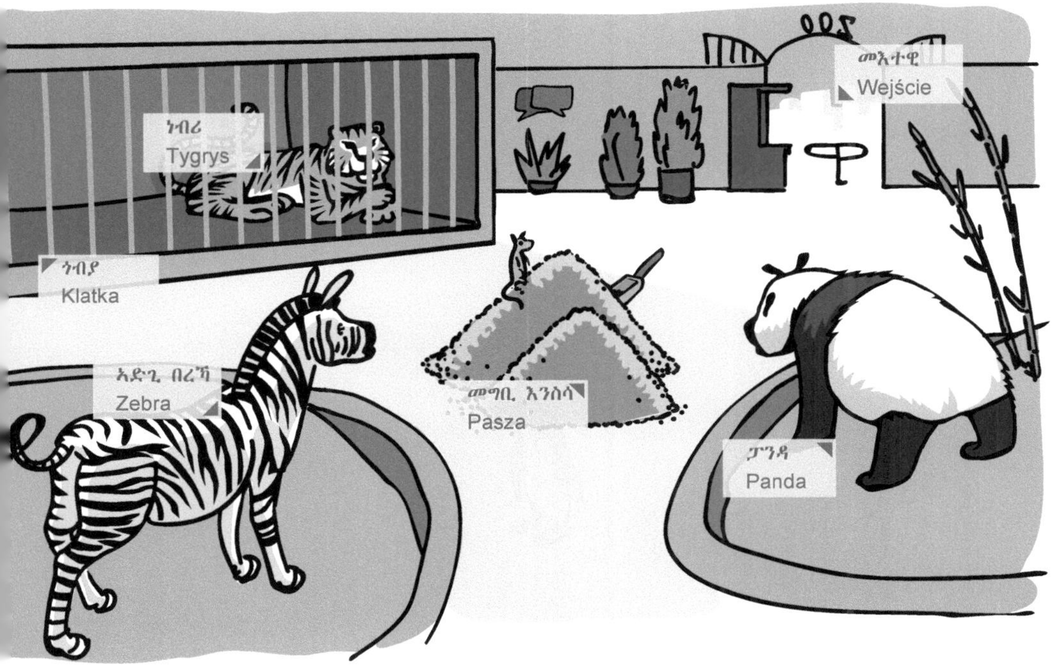
ነብሪ
Tygrys
ኅብያ
Klatka
ኣድጊ በረኻ
Zebra
መግቢ እንስሳ
Pasza
መእተዊ
Wejście
ፓንዳ
Panda

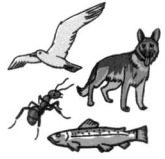

እንስሳታት

Zwierzęta

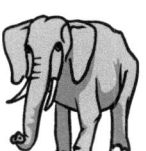

ሓርማዝ

Słoń

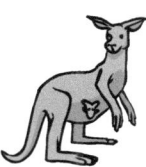

ካንጋሩ

Kangur

ሓሪሽ

Nosorożec

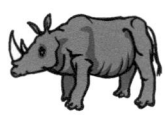

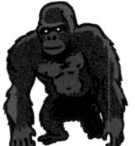

ጉሪላ

Goryl

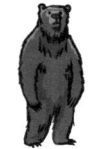

ድቢ

Niedźwiedź

ገመል

Wielbłąd

ሰገን

Struś

አንበሳ

Lew

ህበይ

Małpa

ፍላሚንጎ

Fleming

ሕንጻይ

Papuga

ድቢ በረድ

Niedźwiedź polarny

ፐንጉን

Pingwin

ከልቢ ዓሳ

Rekin

ጣውስ

Paw

ተመን

Wąż

ሓርገጽ

Krokodyl

ሓላዊ ቤት ገርድሽ

Dozorca w zoo

ዓሳ ዚምገብ እንስሳ ባሕሪ

Foka

ጃንር

Jaguar

ሓጺር ፈረስ

Kucyk

ነብሪ

Gepard

ጉማሪ

Hipopotam

ጂራፍ

Żyrafa

ሊላ

Orzeł

መፍለስ

Dzik

ዓሳ

Ryba

ጎብየ

Żółw

ዋልሩስ

Mors

ወኻርያ

Lis

ሰስሓ

Gazela

ናይ አሜሪካ ኩዕሶ እግሪ
Futbol amerykański

ምዝዋር ብሽግለታ
Kolarstwo

ተኒስ
Tenis

ባስኬትቦል
Koszykówka

ምሕምባስ
Pływanie

ቦክሲንግ
Boks

ሆኪ በረድ
Hokej na lodzie

ኩዕሶ እግሪ
....
Piłka nożna

ባድሚንተን
....
Badminton

እስፖርታዊ ንጥፈታት
....
Lekka atletyka

ኩዕሶ ኢድ
....
Piłka ręczna

ስኪ
....
Narciarstwo

ፖሎ
....
Polo

ንጥፈታት
Działania

ሰሓቐ
śmiać się
ነጠረ
skakać
ሓቖፈ
objąć
ከደ
iść
ደረፈ
śpiewać
ሓለመ
marzyć
ጸለየ
modlić się
ሰዓመ
całować

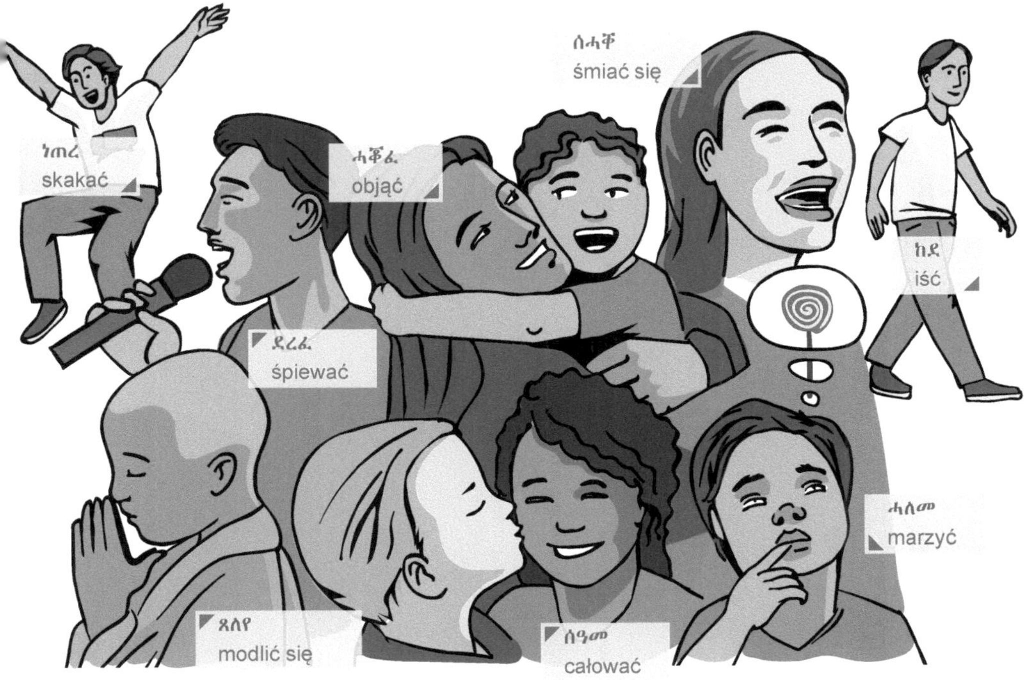

ጸሓፈ
....
pisać

ሰኣለ
....
rysować

ኣርኣየ
....
pokazywać

ደፍአ
....
nacisnąć

ሃበ
....
dać

ወሰደ
....
wziąć

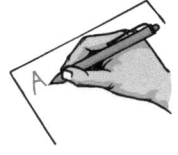

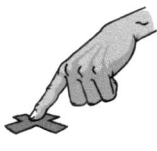

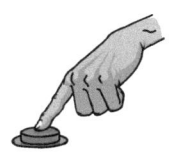

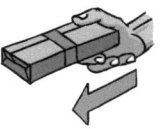

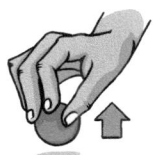

አለው

mieć

ገበረ

robić

ኮነ

być

ጠጠው በለ

stać

ጎየየ

biegać

ሰሓበ

ciągnąć

ሰንደወ

rzucać

ወደቐ

spaść

ሓሰወ

leżeć

ተጸበየ

czekać

ሰከም

nosić

ኮፍ በለ

siedzieć

ተኸድነ

zakładać

ደቀሰ

spać

ተሰአ

budzić się

ረአየ

spojrzeć

በኸየ

płakać

ብአጸብዑ ደረዘ

głaskać

መሸጠ

czesać się

ተዛረበ

mówić

ተረድአ

rozumieć

ሓተተ

pytać

ሰምዐ

słyszeć

ሰተየ

pić

በልዐ

jeść

አጽመጠ

sprzątać

አፍቀረ

kochać

ከሸነ

gotować

ዘወረ

jechać

ነፈረ

latać

ብመርከብ ገየሽ

żeglować

ደመረ

liczyć

አንበበ

czytać

ተመሃረ

uczyć się

ሰርሐ

pracować

መርዓወ

wejść w związek małżeński

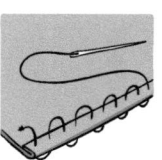

ሰፈየ

szyć

ጽሬት አስናን

myć zęby

ቀተለ

zabić

ሽጋራ ተከኸ

palić tytoń

ሰደደ

wysłać

ዓባይ
Babcia

አቦሐጎ
Dziadek

አቦ
Ojciec

እደ
Matka

ማማይ
Niemowlę

ጓል
Córka

ወዲ
Syn

ጋሻ

Gość

ሓትኖ

Ciotka

አኮ

Wujek

ሓው

Brat

ሓፍቲ

Siostra

ኣካላት

Ciało

ግንባር
Czoło
ዓይኒ
Oko
መንኩብ
Ramię
ኣጻብዕ
Palec
ገጽ
Twarz
መንከስ
Broda
ኢድ
Ręka
ሸፋን እግሪ
Noga
ኣፍ-ልቢ
Pierś
ምናት
Ramię

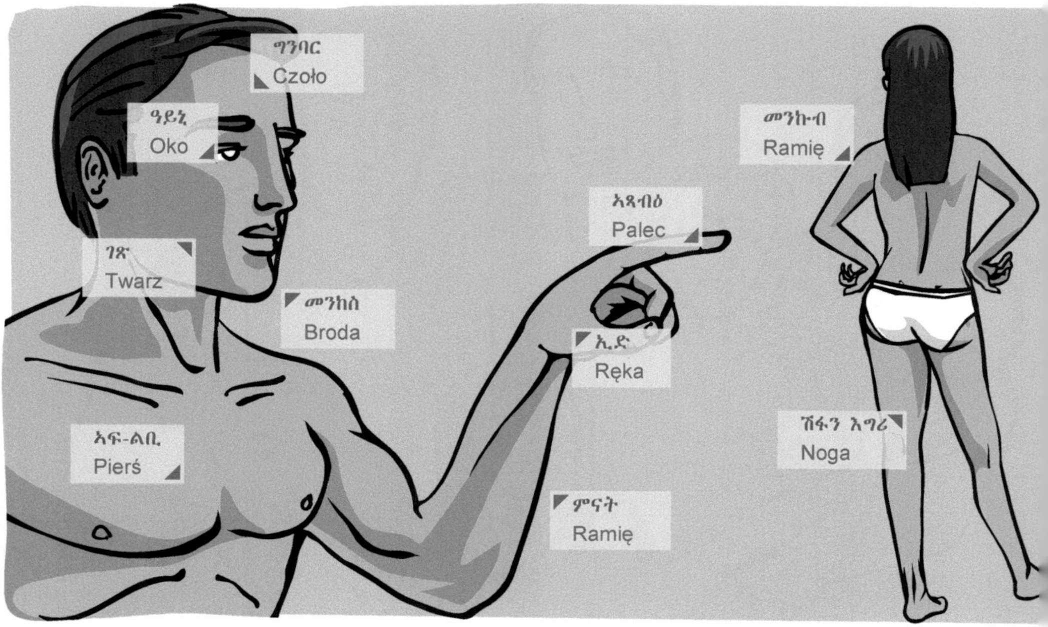

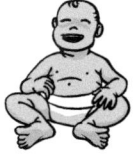

ማማይ

Niemowlę

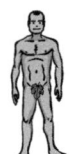

ሰብኣይ

Mężczyzna

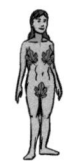

ሰበይቲ

Kobieta

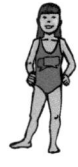

ጓል

Dziewczyna

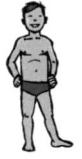

ወዲ

Chłopiec

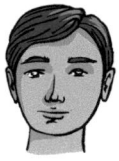

ርእሲ

Głowa

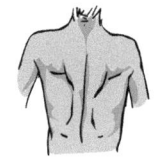

ሕቖ
....
Plecy

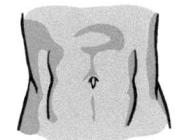

ከስዐ
....
Brzuch

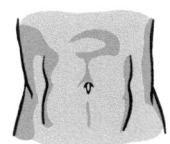

ሕምብርቲ
....
Pępek

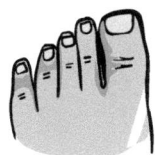

ኣጻብዕ እግሪ
....
palec nogi

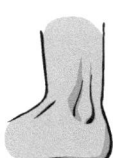

ኩርኲረ
....
Pięta

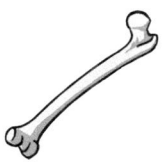

ዓጽሚ
....
Kość

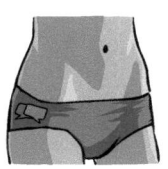

ምሕኩልቲ
....
Biodro

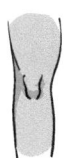

ብርኪ
....
Kolano

ፍግፍጉ
....
Łokieć

ኣፍንጫ
....
Nos

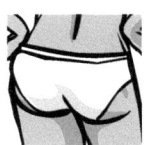

መዓኮር
....
Pośladki

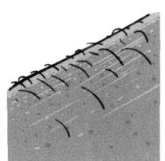

ቆርበት
....
Skóra

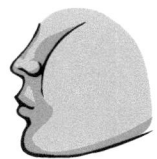

ምዕጉርቲ
....
Policzek

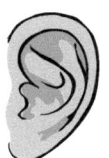

እዝኒ
....
Uszy

ከንፈር
....
Warga

አፍ

Usta

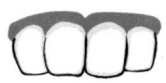

ስኒ

Ząb

መልሓስ

Język

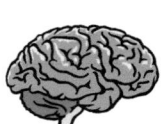

ሓንጎል

Mózg

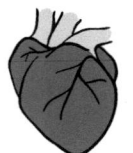

ልቢ

Serce

ጭዋዳ

Mięsień

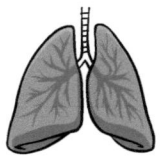

ሳንቡእ

Płuca

ጸላም ከብዲ

Wątroba

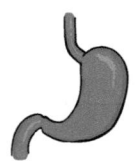

ከብዲ

Żołądek

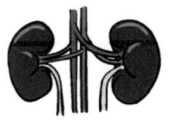

ኮሊት

Nerki

ግብረ ስጋ

Stosunek płciowy

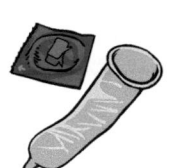

ኮንዶም

Kondom

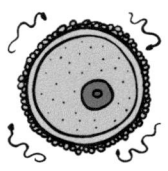

እንቋቑሖ

Komórka jajowa

ዘርኢ ተባዕታይ

Sperma

ጥንሲ

Ciąża

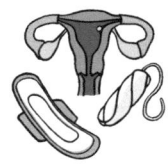

ጽግያት
....
Menstruacja

ርሕሚ
....
Wagina

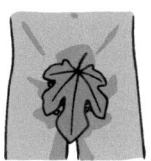

መትሎ
....
Penis

ሽፋሽፍቲ
....
Brew

ጸግሪ
....
Włosy

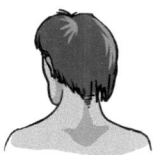

ክሳድ
....
Szyja

ሆስፒታል

Szpital

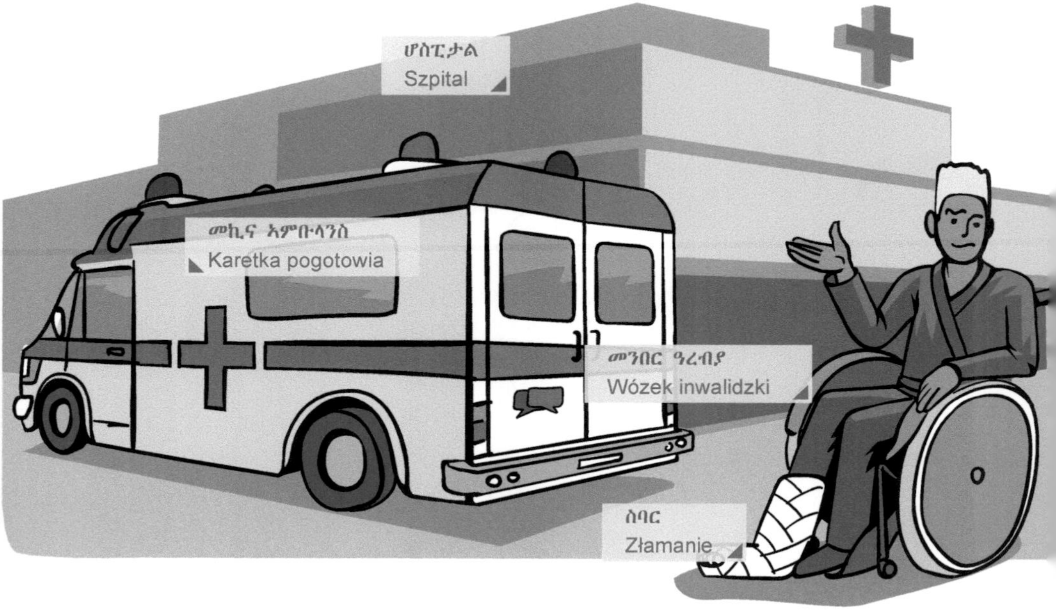

ሆስፒታል
Szpital
መኪና ኣምቡላንስ
Karetka pogotowia
መንበር ዓረብያ
Wózek inwalidzki
ስባር
Złamanie

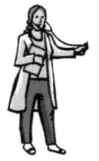

ሓኪም

Lekarz

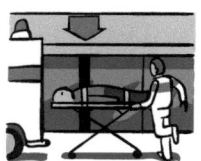

ክፍሊ ህጹጽ ረድኤት

Izba przyjęć

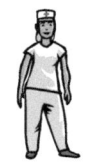

ኣላይት

Pielęgniarka

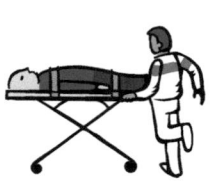

ህጹጽ ኩነት

Nagły przypadek

ውንኡ ዘጥፍአ

nieprzytomny

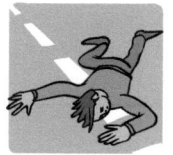

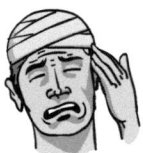

ቃንዛ

Ból

ጉድኣት

Skaleczenie

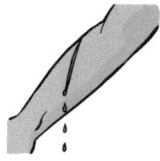

ደም

Krwawienie

ማህረምቲ

Zawał serca

ማህረምቲ

Udar mózgu

ኣለርጂ

Alergia

ሰዓል

Kaszleć

ረስኒ

Gorączka

ኡንፍልወንዛ

Grypa

ውጽኣት

Biegunka

ቃንዛ ርእሲ

Ból głowy

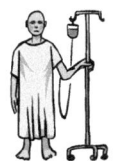

መንሽሮ

Rak

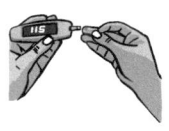

ሹኮርያ

Cukrzyca

ሓኪም መጥባሕቲ

Chirurg

መጥብሒ

Skalpel

መጥባሕቲ

Operacja

CT
CT

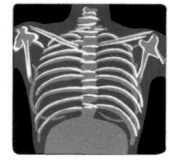

ራጇ
Rentgen

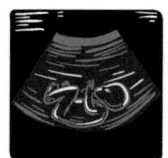

ልዕለ ድምጻዊ
Ultradźwięki

መሸፈኒ ገጽ
Maska

ሕማም
Choroba

ክፍሊ ምጽባይ
Poczekalnia

ምርኩስ
Kula

መጅነኒ ቍስሊ
Plaster

መጅነኒ
Opatrunek

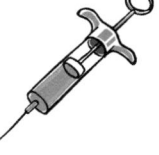

መርፍዕ ምውጋእ
Iniekcja

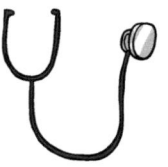

ስተቶስኮፕ
Stetoskop

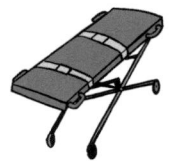

መሰከሚ ሕማም
Nosze

ቴርሞመተር
Termometr

ትውልዲ
Poród

ልዕለ-ሚዛን
Nadwaga

ሆስፒታል - Szpital

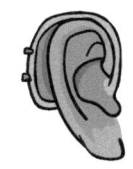

ሓገዝ ምስማዕ

Aparat słuchowy

ኣንጺሂ

Środek dezynfekcyjny

ልበዳ

Infekcja

ቫይረስ

Wirus

ኤድስ

HIV / AIDS

ሕክምና

Medycyna

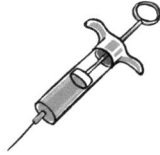

ክታብ

Szczepienie

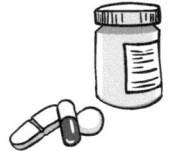

ከኒና

Tabletki

ከኒና

Pigułka

ህጹጽ ምድዋል

Telefon ratunkowy

መዐቀኒ ጸቕጢ ደም

Ciśnieniomierz krwi

ሕሙም / ጥዑይ

chory / zdrowy

ሓገዝ
Pomocy!

ኣላርም
Alarm

ምህጃም
Napad

መጥቃዕቲ
Atak

ድንገት
Niebezpieczeństwo

ህጹጽ መውጽኢ
Wyjście awaryjne

ሓዊ!
Pożar!

መጥፍኢ ሓዊ
Gaśnica

ሓደጋ
Wypadek

ሳንጣ ቀዳማይ ረድኤት
Walizeczka pierwszej
pomocy

SOS
SOS

ፖሊስ
Policja

ኤውሮጳ

Europa

ሰሜን አመሪካ

Ameryka Północna

ደቡብ አመሪካ

Ameryka Południowa

አፍሪቃ

Afryka

ኤስያ

Azja

አውስትራልያ

Australia

አትላንቲክ

Atlantyk

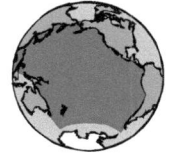

ፓሲፊክ

Pacyfik

ህንዳዊ ዉቅያኖስ

Ocean Indyjski

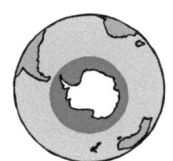

አንታርቲካዊ ዉቅያኖስ

Ocean Antarktyczny

አርክቲካዊ ዉቅያኖስ

Ocean Arktyczny

ሰሜናዊ ዋልታ

Biegun północny

Biegun południowy

አንታርቲካ

Antarktyda

ምድሪ

Ziemia

መሬት

Kraj

ባሕሪ

Morze

ደሴት

Wyspa

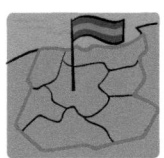

ሃገር

Naród

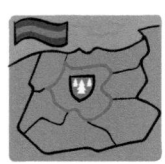

ዓዲ

Państwo

ገጽ ሰዓት

Cyferblat

አመልካቺ ሰዓታት

Wskazówka godzinowa

አመልካቺ ደቃይቅ

Wskazówka minutowa

አመልካቺ ካልኢት

Wskazówka sekundowa

ሰዓት ክንደይ አሎ?

Która godzina?

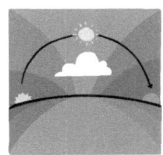

መዓልቲ

Dzień

ግዜ

Czas

ሕጂ

teraz

ዲጊታል ሰዓት

Zegarek digitalny

ደቒቅ

Minuta

ሰዓት

Godzina

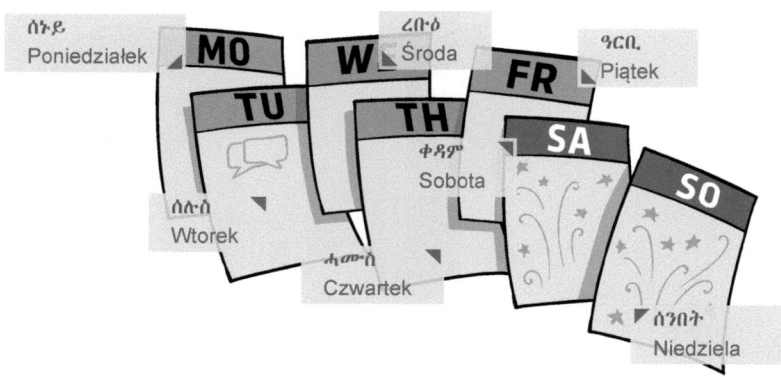

ሰኑይ
Poniedziałek

ረቡዕ
Środa

ዓርቢ
Piątek

ሰሉስ
Wtorek

ቀዳም
Sobota

ሓሙስ
Czwartek

ሰንበት
Niedziela

ትማሊ
wczoraj

ሎሚ
dzisiaj

ጽባሕ
jutro

ንጉሆ
Rano

ቀትሪ
Południe

ምሸት
Wieczór

MO	TU	WE	TH	FR	SA	SU
1	2	3	4	5	6	7
8	9	10	11	12	13	14
15	16	17	18	19	20	21
22	23	24	25	26	27	28
29	30	31	1	2	3	4

መዓልታት ስራሕ
Dni robocze

MO	TU	WE	TH	FR	SA	SU
1	2	3	4	5	6	7
8	9	10	11	12	13	14
15	16	17	18	19	20	21
22	23	24	25	26	27	28
29	30	31	1	2	3	4

መወዳእታ ሰሙን
Weekend

ዝናብ
Deszcz

ቀስተ-ደመና
Tęcza

ንፋስ
Wiatr

በረድ
Śnieg

ጽድያ
Wiosna

ሓጋይ
Lato

ቀውዒ
Jesień

ክረምቲ
Zima

4.APRIL	11°	☀
5.APRIL	4°	
6.APRIL	13°	
7.APRIL	8°	
8.APRIL	10°	☀

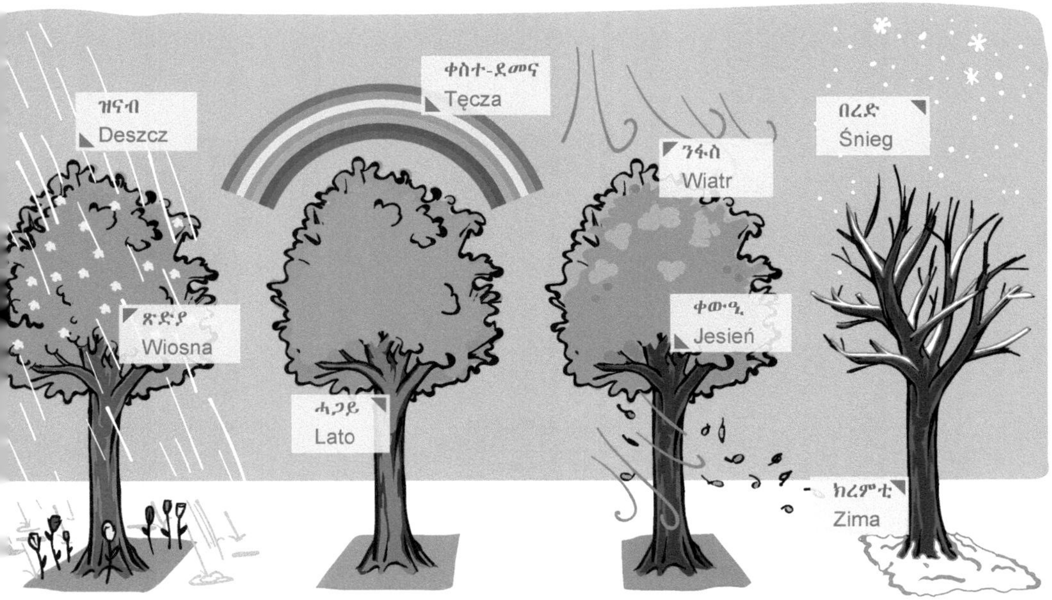

ትንቢት ኩነታት ኣየር

Prognoza pogody

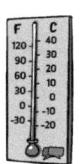

ቴርሞመተር

Termometr

ብርሃን ጸሓይ

Światło słoneczne

ደበና

Chmura

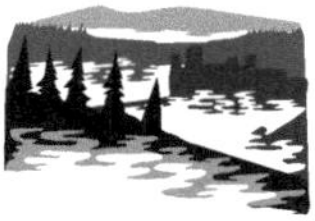

ግመ

Mgła

ጠሊ

Wilgotność powietrza

ብርቂ
....
Błyskawica

ነጐዳ
....
Grzmot

ህቦብላ
....
Sztorm

በረድ
....
Grad

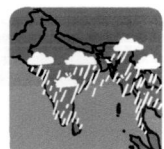

ብርቱዕ ህቦብላ
....
Monsun

ውሕጅ
....
Potop

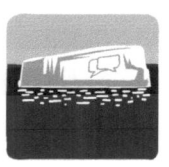

በረድ
....
Lód

ጥሪ
....
Styczeń

ለካቲት
....
Luty

መጋቢት
....
Marzec

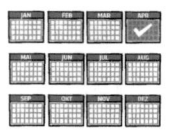

ሚያዝያ
....
Kwiecień

ግንበት
....
Maj

ሰነ
....
Czerwiec

ሓምለ
....
Lipiec

ነሓሰ
....
Sierpień

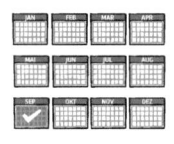

መስከረም
....
Wrzesień

ጥቅምቲ
....
Październik

ሕዳር
....
Listopad

ታሕሳስ
....
Grudzień

ቅርጽታት
Kształty

ዙርያ
....
Koło

ትርብዒት
....
Kwadrat

ቅኑዕ ርቡዕ ኹርናዕ
....
Prostokąt

ስሉስ ኩርናዕ
....
Trójkąt

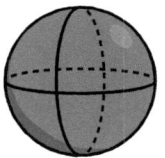

ኳቢ
....
Kula

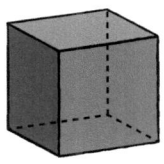

ኩቦ
....
Sześcian

ጻዕዳ

biały

ብጫ

żółty

አራንሺ

pomarańczowy

ፒንክ

różowy

ቀይሕ

czerwony

ጁኸ

liliowy

ሰማያዊ

niebieski

ቀጠልያ

zielony

ቡናዊ

brązowy

ሓሙኽሽታይ

szary

ጸሊም

czarny

ብዙሕ / ውሑድ

dużo / mało

ሕሩቕ / ሰላማዊ

wściekły / spokojny

ጽቡቕ / ክፉእ

piękny / brzydki

መጀመርያ / መወዳእታ

początek / koniec

ዓቢ / ንእሽቶ

duży / mały

ብሩህ / ጸልማት

jasny / ciemny

ሓው / ሓፍት

brat / siostra

ጽሩይ / ርሳሕ

czysty / brudny

ምሉእ / ዘይምሉእ

kompletny / niekompletny

መዓልቲ / ለይቲ

dzień / noc

ሙዊት / ህልው

umarły / żywy

ሰፊሕ / ጸቢብ

szeroki / wąski

ደስ ዘበለ / ደስ ዘይብል

jadalny / niejadalny

እኩይ / ህያዋይ

zły / uprzejmy

ርቡጽ / ስልኩይ

podniecony / znudzony

ረጊድ / ቀጢን

gruby / chudy

ቀዳማይ / ናይ መወዳእታ

najpierw / na końcu

ዓርኪ / ጸላኢ

przyjaciel / wróg

ምሉእ / ባዶ

pełen / pusty

ተሪር / ልስሉስ

twardy / miękki

ከቢድ / ፈኩስ

ciężki / lekki

ጥምየት / ጽምየት

głód / pragnienie

ሕሙም / ጥዑይ

chory / zdrowy

ዘይሕጋዊ / ሕጋዊ

nielegalny / legalny

መስተውዓሊ / ስዲ

inteligentny / głupi

ጸጋም / የማን

lewo / prawo

ቀረባ / ርሑቅ

bliski / daleki

86   አንጻራት - Przeciwieństwa

ሓዲሽ / ብሉይ

nowy / używany

ዋላ ሓደ / ገለ

nic / coś

ዓቢ/ኣረጊት / መንእሰይ

stary / młody

ወልዕ / ኣጥፍእ

włącz / wyłącz

ክፉት / ዕጹው

otwarty / zamknięty

ህዱእ / ዓው

cichy / głośny

ሃብታም / ድኻ

bogaty / biedny

ቅኑዕ / ግጉይ

prawidłowy / błędny

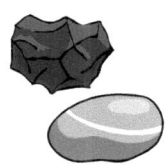

ሓርፋፍ / ልሙጽ

chropowaty / gładki

ጉሁይ / ሕጉስ

smutny / szczęśliwy

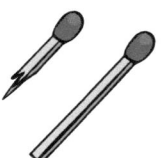

ሓጺር / ነዊሕ

krótki / długi

ቀስ / ቅልጡፍ

powolny / szybki

ጥሉል / ንቑጽ

mokry/suchy

ምዉቕ / ዝሑል

ciepły / chłodny

ውግእ / ሰላም

wojna / pokój

0

ዜሮ

zero

1

ሓደ

jeden

2

ክልተ

dwa

3

ሰለስተ

trzy

4

ኣርባዕተ

cztery

5

ሓሙሽተ

pięć

6

ሽዱሽተ

sześć

7

ሸውዓተ

siedem

8

ሸሞንተ

osiem

9

ትሽዓተ

dziewięć

10

ዓሰርተ

dziesięć

11

ዓሰርተ ሓደ

jedenaście

12

ዓሰርተ ክልተ
dwanaście

13

ዓሰርተ ሰለስተ
trzynaście

14

ዓሰርተ ኣርባዕተ
czternaście

15

ዓሰርተ ሓሙሽተ
piętnaście

16

ዓሰርተ ሽዱሽተ
szesnaście

17

ዓሰርተ ሽውዓተ
siedemnaście

18

ዓሰርተ ሽሞንተ
osiemnaście

19

ዓሰርተ ትሽዓተ
dziewiętnaście

20

ዕስራ
dwadzieścia

100

ሚእቲ
sto

1.000

ሽሕ
tysiąc

1.000.000

ሚልዮን
milion

Języki

እንግሊዝኛ

Angielski

አሜሪካዊ እንግሊዛዊ

Angielski amerykański

ቻይናዊ ማንዳሪን

Chiński mandaryński

ሒንዳዊ

Hindi

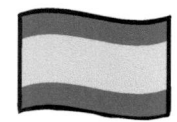

እስጳኛዊ

Hiszpański

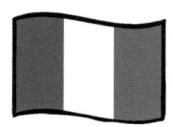

ፈረንሳዊ

Francuski

ዓረባዊ

Arabski

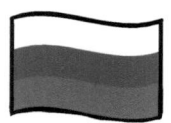

ሩሲያዊ

Rosyjski

ፖርቱጋላዊ

Portugalski

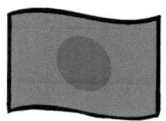

በንጋሊ

Bengalski

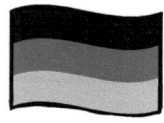

ጀርመናዊ

Niemiecki

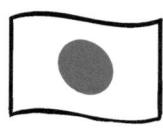

ጃፓናዊ

Japoński

አነ

ja

ንስኻ/ኺ.

ty

ንሱ / ንሳ / ንሱ

on / ona / ono

ንሕና

my

ንስኻ

wy

ንሳቶም

oni

መን?

kto?

እንታይ?

co?

ከመይ?

jak?

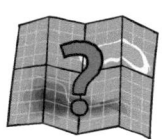

አበይ?

gdzie?

መዓስ?

kiedy?

ሽም

Nazwisko

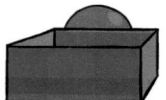

ድሕሪ

za

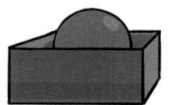

ኣብ

w

ኣብ ቅድሚ

przed

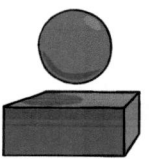

ኣብ ላዕሊ

powyżej

ኣብ ልዕሊ

na

ትሕቲ ምድሪ

pod

ኣብ ጥቓ

obok

ኣብ መንጎ

między

በታ

Miejsce